Edward Goldsmith, Robert Allen
Planspiel zum Überleben

dva informativ

Edward Goldsmith, Robert Allen,
Michael Allaby, John Davoll, Sam Lawrence

Planspiel zum Überleben

Ein Aktionsprogramm

Deutsche Verlags-Anstalt
Stuttgart

Aus dem Englischen von Hans-Dieter Heck
Titel der Originalausgabe *A Blueprint for Survival,*
erschienen bei Tom Stacey Ltd., London
© 1972 by *The Ecologist*

ISBN 3 421 02638 6

Erschienen 1972 bei Deutsche Verlags-Anstalt GmbH, Stuttgart
Alle Rechte vorbehalten
Umschlagentwurf Klaus Dempel, Stuttgart
Gesamtherstellung Deutsche Verlags-Anstalt GmbH,
Grafischer Großbetrieb, Stuttgart
Printed in Germany

5678011972432l

Inhalt

Vorwort

Die vorliegende Schrift ist das Ergebnis von Untersuchungen, die eine kleine Gruppe von Wissenschaftlern, die sich beruflich mit den Umweltproblemen des Menschen befassen, durchgeführt hat.

Vier Beweggründe haben diese Untersuchungen veranlaßt:

1. Ein genaues Studium der verfügbaren Daten und Informationen hat uns die schwierige Lage vor Augen geführt, in der sich die Menschheit heute bereits befindet.

Wenn man zuläßt, daß die Entwicklung weiter so verläuft wie bisher, ist ein Zusammenbruch der menschlichen Gesellschaft bei gleichzeitiger, nicht wiedergutzumachender Zerstörung der biologischen Systeme, auf denen das Leben auf diesem Planeten beruht, vielleicht schon Ende dieses Jahrhunderts, mit Sicherheit aber noch innerhalb der Lebensspanne unserer Kinder unvermeidlich.

2. Die Regierungen – unsere eigene eingeschlossen – verschließen sich entweder den Tatsachen oder beeinflussen ihre Wissenschaftler dahingehend, daß der Ernst der Situation heruntergespielt wird. Gegenmaßnahmen von nennenswerter Wirkung werden, aus welchem Grund auch immer, nicht ergriffen.

3. Diese Situation hat zur Bildung des »Club of Rome« geführt, einer Vereinigung von Wissenschaftlern und Industriellen verschiedener Nationalitäten, die Wirtschaftsführer und Gewerkschaften überall auf der Erde davon überzeugen will, die Tatsachen anzuerkennen und wirksame Gegenmaßnahmen zu ergreifen, ehe es zu spät ist. Es muß zu einer Bewegung kommen, die auf nationaler Ebene handelt, vielleicht sogar sich politisch betätigt und Wahlen beeinflußt. Es ist zu hoffen, daß ein solches Beispiel auch Widerhall in anderen Ländern findet und zu einer internationalen Bewegung führt, welche die so überaus wichtige Arbeit des »Club of Rome« unterstützt.

4. Diese Bewegung kann aber nur Erfolg haben, wenn eine neue Lebenshaltung aufgezeigt wird, mit Zielen, die nicht zu einer Zerstörung

der Umwelt führen, und wenn ein exaktes und umfassendes Programm über jene Gesellschaftsform besteht, in der es verwirklicht werden kann. Dieses *Planspiel zum Überleben* befürwortet deshalb die Bildung einer »Bewegung zum Überleben« der Menschheit. Es soll zum Beginn eines neuen Zeitalters führen, in dem der Mensch endlich lernt, in Übereinstimmung mit der Natur, nicht gegen sie zu leben.

The Ecologist

Edward Goldsmith, Robert Allen, Michael Allaby, John Davoll, Sam Lawrence.

So geht es nicht weiter

Einführung

Der Lebensstil unseres Industriezeitalters mit seinem Ethos ständigen Wachstums zeigt einen grundlegenden Fehler: Er kann nicht lange aufrechterhalten werden. Unvermeidlich endet er noch zu Lebzeiten eines heute Geborenen – und wenn er noch eine kleine Weile von einer rücksichtslosen Minderheit durchgesetzt werden sollte, dann nur unter größten Leiden für den Rest der Menschheit. Wir können aber sicher sein, daß dieser Lebensstil früher oder später zu Ende gehen wird – unsicher sind nur der genaue Zeitpunkt und die Begleitumstände. Sicher ist auch, daß dies auf eine von zwei möglichen Arten geschehen wird: entweder gegen unseren Willen in einer Kette von Hungersnöten, Epidemien, sozialen Krisen und Kriegen oder – weil wir für unsere Kinder eine Gesellschaft ohne Grausamkeit und Härte schaffen wollen – in einer Reihe von durchdachten, humanen und wohlbemessenen Veränderungen. Wir glauben, daß immer mehr Menschen erkennen werden, daß wir tatsächlich vor dieser Wahl stehen. Wir sind mehr an unseren Vorschlägen zur Schaffung einer dauerhaften Gesellschaftsform interessiert als an wiederholter Schilderung der Gründe, warum eine solche Gesellschaft geschaffen werden muß.

Wir behandeln daher diese Gründe nur kurz. Eine weitergehende Analyse ist im Anhang zu dieser Dokumentation zu finden.

Eine grundsätzliche Änderung der Lebensform ist nicht nur notwendig, sondern auch unvermeidlich, weil die gegenwärtige Zunahme der Bevölkerungszahl und des Pro-Kopf-Verbrauchs durch die Zerstörung der Ökosysteme und die Ausbeutung der natürlichen Rohstoffvorräte die Grundlagen unserer Existenz unterminiert. Gegenwärtig beträgt die Weltbevölkerung 3600 Millionen, sie nimmt jährlich um zwei Prozent oder um 72 Millionen zu. Aber hinter dieser globalen Angabe verbergen sich entscheidende Unterschiede zwischen den einzelnen Ländern. Die Industrienationen besitzen ein Drittel der Weltbevölkerung und haben nur Wachstumsraten zwischen einem halben und einem Prozent; zwei Drittel der Menschheit leben in unterentwickelten Gebieten mit Wachstumsraten zwischen zwei und drei Prozent – und rund 40 bis 45 Prozent dieses größeren Teils der Weltbevölkerung sind Kinder und Jugendliche unter 15 Jahren.

Meist wird völlig übersehen, daß in Ländern mit einer so unausgewogenen Altersstruktur die Bevölkerung auch dann noch Jahrzehnte weiter zunimmt, wenn die Fruchtbarkeit der Weltbevölkerung auf den Pegel gesunken wäre, der den Ersatz jedes Verstorbenen durch ein Neugeborenes garantieren würde. Der UNO-Ausschuß für Weltbevölkerung stellt hierzu fest: »Wenn das Gleichgewicht zwischen Geburten- und Sterberaten in dem entwickelten Teil der Erde bis zum Jahr 2000, im unterentwickelten Teil bis 2040 erreicht werden sollte, würde die Weltbevölkerung im Lauf des nächsten Jahrhunderts auf der Höhe von fast 15,5 Milliarden Menschen konstant bleiben, sie würde dann mehr als das Vierfache von heute betragen.«

Der Pro-Kopf-Verbrauch an Energie und Rohmaterialien ist in den entwickelten und den unterentwickelten Gebieten sehr unterschiedlich. Zwar steigt überall der Verbrauch, aber in den Industrienationen werden trotz ihres geringeren Anteils an der Weltbevölkerung über 80 Prozent der auf der Erde erzeugten Energie und Rohmaterialien verbraucht. Deshalb sind die Steigerungsraten in den Industrienationen von größerer Bedeutung als die der unterentwickelten Gebiete. Hierzu ein Beispiel: In dem Jahrzehnt zwischen 1957 und 1967 stieg der Stahlverbrauch pro Kopf in den USA um zwölf Prozent, in Indien um 41 Prozent. In absoluten Zahlenwerten, in Kilogramm pro Kopf und Jahr, sieht diese Zunahme anders aus; in den USA stieg der Verbrauch von 568 Kilogramm/Jahr auf 624 Kilogramm/Jahr, in Indien von 9,2 Kilogramm/Jahr auf 13 Kilogramm/Jahr.

Es gibt auch keine Anzeichen dafür, daß eine allmähliche Beendigung der wirtschaftlichen Wachstumsspirale auch nur in Betracht gezogen wird. Im Gegenteil, die industriellen Wirtschaftssysteme tendieren dazu zusammenzubrechen, wenn das Wachstum beendet würde oder sich auch nur verlangsamen sollte, gleichgültig, wie hoch der Stand des Verbrauchs bereits ist. Selbst die USA streben noch eine jährliche Zunahme des Bruttosozialprodukts um vier Prozent an. Die Wachstumsraten einzelner Industriezweige, wie zum Beispiel der Erdölindustrie, übersteigen diesen Durchschnittswert noch weit.

Die ständig wachsende Bevölkerungszahl bei gleichzeitigem Ansteigen des Pro-Kopf-Verbrauchs belastet die Umwelt in zunehmendem Maß, sowohl durch die Rohstoffvorräte, die wir der Umwelt entnehmen, wie auch durch die Abfallstoffe, die wir der Umwelt aufbürden. Eine Gruppe von

Wissenschaftlern, die unter der Schirmherrschaft des Massachusetts Institute of Technology (MIT) eine »Studie über kritische Umweltprobleme« ausgearbeitet hat, betont in ihrem Bericht die Notwendigkeit, Methoden zu entwickeln, diese Umweltbelastung genau zu erfassen. Sie haben den Begriff des »ökologischen Bedarfs« formuliert. Darunter verstehen sie »die Gesamtheit aller Bedürfnisse, welche die Menschheit ihrer Umwelt abverlangt, wie zum Beispiel die Gewinnung von Rohstoffen aus der Umwelt, die, in Abfälle umgewandelt, derselben Umwelt wieder aufgebürdet werden«. Eine Kennzahl, die sich ergibt, wenn man die Bevölkerungszahl mit dem materiellen Lebensstandard multipliziert. Dieser Faktor erscheint als das zuverlässigste Maß für den ökologischen Bedarf. Nach dem *Statistischen Jahrbuch* der UNO wächst diese Kennzahl jährlich um fünf bis sechs Prozent und verdoppelt sich alle 13,5 Jahre, steigt also wesentlich rascher als die rapid steigende Bevölkerungszahl. Wenn dies so weitergeht, wird sich dieser Faktor nach der nächsten Verdoppelungsperiode der Bevölkerung kurz nach dem Jahr 2000 nach übereinstimmenden Hochrechnungen versechsfacht haben. Nach dem erwähnten Bericht der Studiengruppe zeigen »Tätigkeitsbereiche, die diese Anforderung an das Ökosystem stellen, wie etwa die Landwirtschaft, der Bergbau und die Industrieproduktion, jährliche Zuwachsraten zwischen dreieinhalb und sieben Prozent. Es ergibt sich eine mittlere jährliche Zuwachsrate zwischen fünf und sechs Prozent, während der jährliche Bevölkerungszuwachs nur zwei Prozent beträgt«.
Es versteht sich, daß die Erde derartige ständige Anforderungen an das Ökosystem nicht lange ertragen kann. Wachstum auf unbegrenzte Zeit, welcher Art auch immer, ist bei begrenzten Vorräten unmöglich. Dies ist der entscheidende Punkt unserer Situation. Noch viel weniger kann exponentielles Wachstum unbegrenzt aufrechterhalten werden, und ausgerechnet das Wachstum des ökologischen Bedarfs verläuft exponentiell.
Die Wirkungen exponentiellen Wachstums werden vielfach unterschätzt, seine wahre Bedeutung wird meist nicht voll erkannt. In seinem Werk *Der teuflische Regelkreis*[1] schreibt der Systemdynamiker Jay W. Forrester vom MIT: »Charakteristisch für rein exponentielles Wachstum ist die Existenz einer Verdoppelungszeit: Jeweils in einer bestimmten gleichbleibenden Zeitspanne verdoppelt sich die wachsende Größe. Dies ist irreführend und täuschend. Viele Verdoppelungszeiten können verstreichen, ohne daß die wachsende Größe einen Wert erreicht, der Aufmerksamkeit verdient. Dann aber, innerhalb einer oder zwei weiterer Verdoppelungszeitspannen, ufert sie aus, obwohl sie mathematisch exakt noch immer demselben exponentiellen Wachstumsgesetz folgt.«
Nehmen wir als Beispiel den Verbrauch an Erdöl:

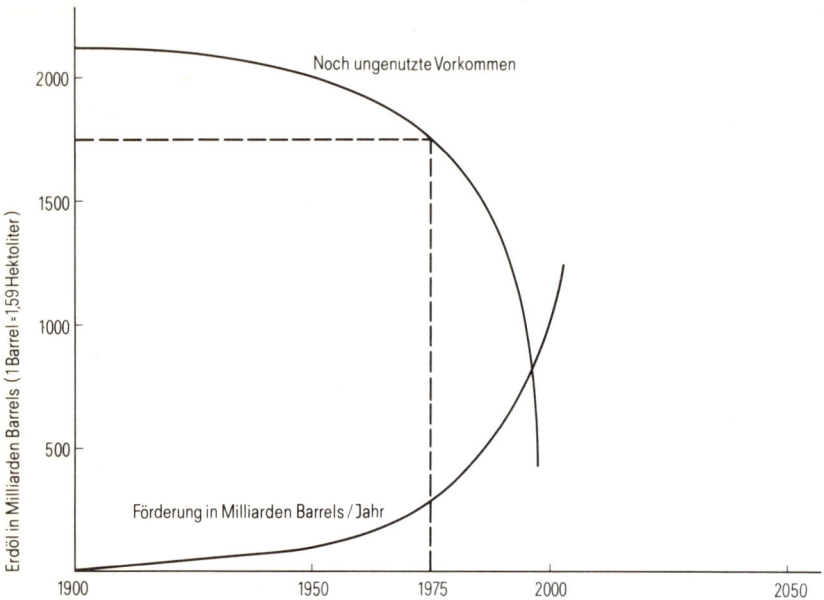

Abb. 1: Weltreserven an Erdöl. 1975 werden erst 12,5 Prozent der Reserven verbraucht sein. Dennoch überholt der Bedarf die Förderung schon 15 Jahre später.

Die Erdölvorräte betragen gegenwärtig etwa 300 Milliarden Tonnen. Der Erdölverbrauch nimmt jährlich um etwa 6,9 Prozent zu. Daraus ergeben sich die Kurven der jeweils noch verbleibenden Erdölvorräte und des Verbrauchs nach Abbildung 1: Der Bedarf übersteigt die Förderung am Ende dieses Jahrhunderts. Von Bedeutung ist in diesem Zusammenhang jedoch nicht, wie schnell diese riesigen Vorräte durch den steigenden Verbrauch erschöpft werden, sondern daß auch noch im Jahr 1975 die Reserven so hoch sind, daß sie für lange Zeit ausreichend zu sein scheinen. Dies kann sehr leicht ein trügerisches Gefühl der Sicherheit hervorrufen und zu dem Irrglauben führen, daß die Zunahmerate des Verbrauchs, wenn schon nicht für ewig, so doch sehr viel länger aufrechterhalten werden könnte, als sich bei genauer Analyse ergibt. Dies gilt nicht allein für Erdöl, sondern für alle Arten von Vorräten, einschließlich der Reserven von nutzbaren Landflächen. Der trügerische Verlauf exponentiellen Wachstums erklärt auch, warum die Situation unserer Umwelt sich so schnell verschlechtert hat und warum diese mißliche Lage rasche und entscheidende Gegenmaßnahmen erfordert, die vielfach den Wertvorstellungen entgegenlaufen, die in unserer Industriegesellschaft als grundlegend und unumstößlich gelten.

Wenn man zuläßt, daß das Wachstum mit gleichen Raten wie bisher weitersteigt, wird sich in den nächsten 66 Jahren die ökologische Anforderung 32mal vergrößern. Kein ernsthaft denkender Mensch kann annehmen oder es als wünschenswert betrachten, daß sich die Menschheit den daraus entstehenden Belastungen anpaßt. Der Preis dieses Wachstums wären die Zerstörung des Ökosystems und die Erschöpfung aller Rohstoffvorräte. Dies müßte zu Hungerkatastrophen und zum Zusammenbruch der menschlichen Gesellschaft führen.

Zerstörung des Ökosystems

Unsere Überlebenschance beruht seit jeher darauf, daß ökologische Prozesse vorhersagbar sind. Wären sie völlig willkürlich, könnten wir nicht einmal die Zeiten von Saat und Ernte vorherbestimmen; wir wären völlig den Launen unserer Umwelt ausgeliefert. Die Natur wäre eine undurchschaubare Erscheinung; wir könnten keine Hypothesen aufstellen und keine Naturgesetze formulieren.

Tatsächlich sind aber ökologische Vorgänge vorhersehbar. Obwohl die wissenschaftliche Ökologie noch eine junge Disziplin ist, haben die Ökologen eine Reihe wichtiger »Grundsätze« herausgefunden. Zwei zeigen besonders deutlich, warum ökologische Entwicklungen vorhersehbar sind: Alle ökologischen Systeme streben einem Zustand der Stabilität zu; ökologische Systeme sind um so stabiler, je komplexer ihr Aufbau ist und je vielfältiger sie beschaffen sind, das heißt, je mehr einzelne Arten von Lebewesen in ihnen existieren und je mehr diese gegenseitig aufeinander einwirken. Unter Stabilität wird hier die Fähigkeit eines Systems verstanden, Störungen selbst auszugleichen und wieder in den ursprünglichen Zustand selbständig überzugehen, statt in eine ganz andere Verhaltensweise zu kippen, die dann mehr oder weniger unvorhersagbar wäre.

Unglücklicherweise benehmen wir uns aber so, als wäre uns überhaupt nichts über unsere biologischen Beziehungen zur Umwelt bekannt, und gehen wir mit ihr so brutal und geringschätzig um, als wäre sie ein empfindungsloser und völlig wehrloser Sklave. Es sieht fast so aus, als habe sich noch nie jemand vor Augen gehalten, daß ein tropischer Regenwald der Lebensraum unzähliger Arten von Insekten ist und er dennoch von ihnen nicht zerstört wird; und daß dieses üppige Wachstum nicht etwa davon herrührt, daß wir monatlich einmal darüber hinwegflie-

gen und alle möglichen Arten von Herbiziden, Insektiziden und Fungizi-
den versprühen. Dennoch verspritzen wir über unsere Getreidefelder und
Gemüseplantagen ständig riesige Mengen synthetischer Chemikalien in
dem verzweifelten Bemühen, das unveränderliche »Grundgesetz« der
Ökologie daran zu hindern, sich auszuwirken – die Grunderscheinung,
daß alle ökologischen Systeme sich selbsttätig in Richtung größerer
Stabilität entwickeln und dabei immer komplexer werden und immer
zahlreichere Pflanzen- und Tierarten hervorbringen, bis ein Optimalzu-
stand erreicht ist. Wären wir wirklich klug, so würden wir anerkennen,
daß eine auf lange Sicht erfolgreiche Landwirtschaft die Herstellung eines
künstlichen ökologischen Optimalzustandes voraussetzt, eine Nachah-
mung des ökologischen Systems, das zuvor bestand, so daß die Zahl der
unerwünschten Arten durch natürliche Feinde niedriggehalten wird, die
gleichzeitig die Nutzpflanzen nicht schädigen.
Statt dessen investieren wir unsere Mittel in Insektiziden, die sich zwar als
wirksam erweisen, aber nur bis zu einem gewissen Grad und in
abnehmendem Maß. Nach dem Bericht der Forschungsgruppe des MIT
erforderte die Produktionserhöhung an Nahrungsmitteln um 34 Prozent
von 1951 bis 1966 eine Erhöhung der Mittel für Stickstoffdünger um
146 Prozent und für chemische Schädlingsbekämpfungsmittel um 300
Prozent. Gleichzeitig haben sich schwerwiegende Probleme ergeben, vor
allem Resistenzerscheinungen. Rund 250 wichtige Arten von Schädlingen
sind heute gegenüber der einen oder anderen Gruppe von Bekämpfungsmitteln resistent. Gegen andere Arten müssen immer größere Mengen von
Bekämpfungsmitteln eingesetzt werden, um sie niedrigzuhalten. Manche
früher praktisch unschädliche Arten haben sich zu massenhaft auftretenden Schädlingen entwickelt, weil ihre natürlichen Feinde ausgerottet
wurden. Die Verbreitung von DDT und anderen chlorierten Kohlenwasserstoffen hat dazu geführt, daß die Zahl der Raub- und Seevögel sowie
viele Fischarten, besonders Seeforellen, in geradezu alarmierendem Maß
zurückgingen.
In dem MIT-Bericht heißt es hierzu: »Die Ozeane sind die endgültige
Ablagerungsstätte für das DDT und seine Abkömmlinge. Rund 25 Prozent aller bis heute produzierten DDT-Mengen sind wahrscheinlich schon
in die Weltmeere transportiert worden. Aber erst 0,1 Prozent der
gesamten produzierten Menge hat sich in den Körpern aller Lebewesen
der Weltmeere, sorgfältigen Schätzungen zufolge, angehäuft und dennoch
bereits erkennbare schädliche Auswirkungen gezeigt ... Die Abnahme
der Fangergebnisse von Seefischen und eine DDT-Anreicherung in ihrem
Zellgewebe auf Werte, die für den Menschen nicht mehr zuträglich sind,
wird durch weitere DDT-Anwendung beschleunigt.«

Über eine halbe Million verschiedenartiger künstlicher chemischer Verbindungen werden heute eingesetzt. Von den meisten ist aber noch weitgehend unbekannt, in welchem Maß sie sich einzeln oder kombiniert in der Umwelt auswirken. Genau bekannt ist jedoch, daß die Wirkung von Umweltverschmutzung und Zerstörung des natürlichen Lebensraumes die Existenz von bereits 280 verschiedenen Arten von Säugetieren, 350 Vogelarten und rund 20000 Pflanzenarten bedroht. Es gibt Leute, die dies zwar bedauern, diese Entwicklung aber mit der Bemerkung abtun, daß die Existenz der Gattung *homo sapiens* sicherlich wichtiger sei als die eines Adlers oder einer Primel. Ihnen kann man nur erwidern, daß auch die Existenz des *homo sapiens* von dem ununterbrochenen gegenseitigen Zusammenwirken der ökologischen Regelkreise abhängt, zu denen auch die Adler und Primeln gehören. Wir brauchen uns nicht besonders anzustrengen, um unsere Umwelt vollständig zu zerstören, um Katastrophen für die Menschheit herbeizuführen: Wir brauchen nur so weiterzumachen wie bis jetzt; Wälder niederzulegen, Niederungen zu entwässern und genügende Mengen von Schädlingsbekämpfungsmitteln, radioaktiven Substanzen, Kunststoffen, Müll und Industrieabfällen zu verstreuen, abzulagern, in die Luft zu blasen und ins Wasser abzulassen. Unsere Umwelt wird dann allein unerträglich für die Arten von Lebewesen, auf deren Existenz ihre Stabilität beruht. Der Mensch des Industriezeitalters benimmt sich wie der Elefant im Porzellanladen, mit dem kleinen Unterschied, daß der Elefant, hätte er die Hälfte des Wissens über die Eigenschaften des Porzellanladens, die wir über die von Ökosystemen haben, wahrscheinlich versuchen würde, sein Verhalten dem Porzellan anzupassen. Im Gegensatz dazu ist der *homo sapiens industrialis* fest davon überzeugt, das Porzellan habe sich ihm anzupassen. Und damit schlägt er es in kürzester Zeit in Scherben.

Versagen der Nahrungsmittelversorgung

Die Zunahme der Nahrungsmittelproduktion in den unterentwickelten Ländern hat kaum Schritt gehalten mit dem ständigen Bevölkerungszuwachs. Die Fortschritte sind weniger auf verbesserte Produktionsmethoden als auf die Kultivierung neuer Landflächen zurückzuführen. Diese Methode geht nicht mehr lange so weiter; denn praktisch werden heute schon alle fruchtbaren Böden bebaut. Nach einem Bericht der FAO (Landwirtschaftsorganisation der UNO)[2] wird bei der gegenwärtigen Ausdehnungsrate landwirtschaftlicher Nutzflächen um 1985 kein neues bebaubares Land mehr zur Verfügung stehen. Gleichzeitig sind viele

Böden, die schon längere Zeit intensiv bebaut wurden, so erschöpft, daß sie in Weideland umgewandelt werden müssen. Das Programm der FAO zur Ernährung der Menschheit sieht daher in erster Linie eine Intensivierung der Anbaumethoden vor, besonders mit Hilfe sehr ertragreicher Weizen- und Reissorten, die sich leicht mit anorganischen Düngern treiben lassen und so schnellreifend sind, daß sie auf gleicher Fläche einen bis zu zehnfachen Ertrag bisheriger Sorten versprechen. Leider sind sie äußerst empfindlich gegen Pflanzenkrankheiten und zwingen zum massiven Einsatz chemischer Bekämpfungsmittel. Sie benötigen Kunstdüngermengen, die teilweise bis zu 27mal so hoch sind wie die bei den bisherigen Arten notwendigen Mengen. Das führt zu Zerstörungen lokaler ökologischer Systeme mit der weiteren Konsequenz, daß die hohe Produktivität nicht lange aufrechterhalten werden kann. Außerdem zwingen diese Züchtungen die unterentwickelten Länder in eine stärkere Abhängigkeit von der chemischen Industrie der entwickelten Nationen.

Diese neuen Züchtungen mit ihren Vor- und Nachteilen sollen das Ernährungsproblem auf der Erde nicht endgültig lösen, sondern uns Zeit verschaffen, dauerhaftere und günstigere Lösungen zu finden. Sie sind nach unserer Ansicht aber nicht besonders günstig, weil sie die Reichhaltigkeit der biologischen Arten gerade in dem Augenblick einschränken, in dem sich die Notwendigkeit zeigt, eine vielseitige Landwirtschaft zu entwickeln, die auf lange Zeit ein beständiges Potential für die Welternährung darstellen kann. Wir müssen uns vor sogenannten »Experten« in acht nehmen, die unser ökologisches System in eine Nahrungsmittelfabrik für die Menschheit umwandeln wollen. Die Vorstellung, daß die Erde nur aus Menschen und einigen nützlichen Kulturpflanzen bestehen könne, ist so lächerlich, daß sie nur ernsthaft von Leuten erwogen werden kann, die in Unkenntnis der tatsächlichen biologischen Welt und ihrer Lebensgesetze Befriedigung an ihren eigenen Ideen finden.

In England ist beispielsweise zu beachten, daß die Hälfte aller Nahrungsmittel eingeführt werden muß und es unwahrscheinlich ist, daß sich diese Abhängigkeit wesentlich ändern wird. Die 60700 Hektar landwirtschaftlichen Bodens, die jährlich dem Anbau entzogen werden, haben eine um etwa 70 Prozent höhere Produktivität als der gesamte landwirtschaftlich genutzte Boden[3]; gleichzeitig beobachten wir bereits rückläufige Erträge beim Gebrauch anorganischer Düngemittel. Zwischen 1964 und 1969 ist die Menge der angewandten Phosphate um zwei Prozent, die von Pottasche um sieben Prozent und von Stickstoffdünger um 40 Prozent angestiegen[4]. Aber die Erträge pro Bodeneinheit an Weizen, Gerste, Luzerne und Heu haben ihren Maximalstand erreicht und beginnen zu fallen. Die Erträge auf Weideflächen sind nur schwach angestiegen und zeigen die Tendenz, auf gleichbleibender Höhe zu verharren[5]. Wenn die Nahrungsmittel pro Kopf im übrigen Teil der Welt abzunehmen beginnen – und das erscheint unvermeidlich –, wird es immer schwieriger und teurer werden, den Nahrungsmittelbedarf durch Importe zu sichern. Das erschreckende Bild eines einschneidenden Nahrungsmittelmangels innerhalb der nächsten drei Jahrzehnte ist weniger phantastisch als das eines weiter zunehmenden Überflusses, das uns viele Politiker vorzugaukeln belieben.

Erschöpfung der Rohstoffe

Ständig exponentiell wachsender Verbrauch von Materialien und Energie ist physikalisch unmöglich; das ist leicht zu beweisen. Innerhalb der nächsten 50 Jahre werden unsere Rohstoffreserven beim gegenwärtigen Verbrauch mit Ausnahme einiger Metalle erschöpft sein, wenn der Verbrauch weiter so ansteigt wie in den vergangenen Jahrzehnten (Abbildung 2). Ohne jeden Zweifel werden noch weitere Vorräte entdeckt und erschlossen und die Gewinnungsmethoden verbessert werden. Aber dies verschafft uns nur einen recht begrenzten zeitlichen Aufschub. Synthetische Kunststoffe und Ersatzmaterialien helfen hier – entgegen einer weitverbreiteten Meinung – recht wenig, da auch sie weitgehend aus Ausgangsstoffen hergestellt werden, die selbst auf der Liste der beschränkten Rohstoffmengen stehen; auch die erhoffte und erstrebte Freisetzung praktisch unbegrenzter Energiemengen löst dieses Problem nicht; denn es besteht in dem Verhältnis zwischen den nutzbaren Materialmengen zu den dabei freiwerdenden tauben Massen, die im Endeffekt Schadstoffe darstellen und beseitigt werden müssen, ohne das Ökosystem zu zerstören, nicht aber im Bedarf an billiger Energie. Unbegrenzte Energiemengen scheinen im Gegenteil eher eine Gefahr als ein Segen zu sein, denn Energieverbrauch ist ebenso unvermeidlich wie Schadstofferzeugung; unbegrenzte Energiemengen würden uns vor das Problem stellen, auch mit unbegrenzten Mengen von Abwärme fertig werden zu müssen, die das Ökosystem durch Eutrophierung bedrohen.

Zusammenbruch der Gesellschaft

Die Industrienationen verbrauchen derart riesige Mengen an Proteinen, Rohstoffen und Brennstoffen, daß alle Bemühungen, den Lebensstandard

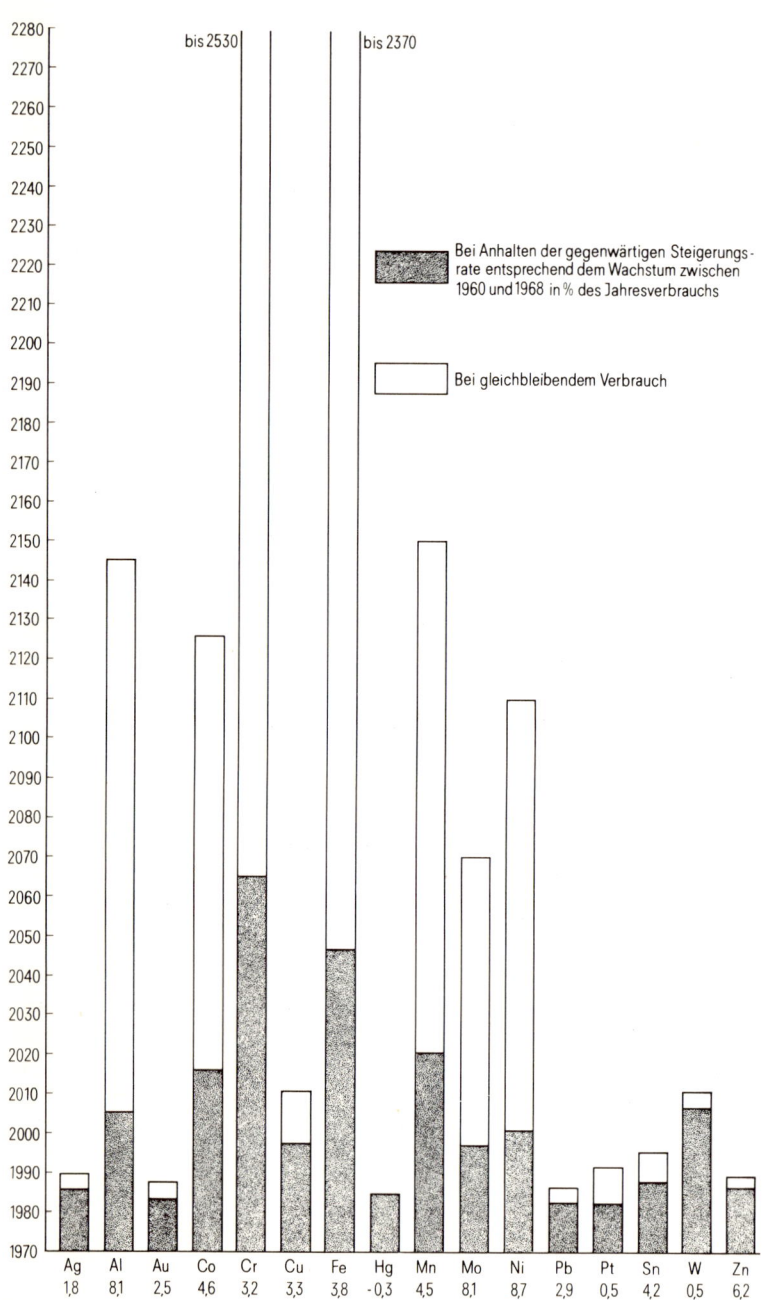

Bei Anhalten der gegenwärtigen Steigerungsrate entsprechend dem Wachstum zwischen
1960 und 1968 in % des Jahresverbrauchs

Bei gleichbleibendem Verbrauch

bis 2530   bis 2370

in den unterentwickelten Gebieten der Erde entscheidend zu heben, völlig
hoffnungslos sind, wenn ihr Verbrauch nicht gesenkt wird. Dieser
entscheidende Unterschied im Lebensstandard ist die Ursache stetig
wachsender Unzufriedenheit, die noch dadurch erschwert wird, daß
zugunsten wirtschaftlicher Expansion die kulturelle Gleichheit vorange-
trieben wird. Mit anderen Worten: Wir ändern die Erwartungen und Ziele
der Menschen, ohne die Mittel bereitzustellen, um diese Erwartungen
auch zu erfüllen. Bei den Bemühungen um eine rasche Industrialisierung
zerbrechen wir gewachsene Sozialsysteme, so daß die Kontrollvorrichtun-
gen, die zuvor das Verhalten des einzelnen bestimmt haben, unwirksam
werden, ehe Alternativen vorhanden sind. Der Drang zur Stadt ist ein
Ergebnis dieser Entwicklung, das steigendes asoziales Verhalten und
Verbrechen zur Folge hat, Erscheinungen, welche die Gesellschaft teuer
bezahlen muß, mit Geld und mit verschlechterten Lebensumständen.
Gleichzeitig streuen wir den Samen für Unterbeschäftigung und Arbeitslosigkeit aus, da das Verhältnis von Kapital zu Arbeit ständig wächst und
damit die Kosten für jede Arbeitsstelle immer höher werden. Bei rasch
abnehmenden Rohstoffvorräten erreicht man unter solchen Umständen
unversehens einen Zustand, bei dem eine große Zahl von Menschen aus
dem Arbeitsprozeß ausgestoßen werden, wenn die materielle Grundlage
städtischen Lebens entweder nicht mehr länger verfügbar oder für die
meisten unerschwinglich teuer wird und deshalb große Teile der Gesellschaft ausreichende Gründe haben, ihren Unwillen in Formen auszu-
drücken, die mit Sicherheit für ihre Mitmenschen in höchstem Maß
unangenehm sein werden.
Es ist in diesem Zusammenhang erwähnenswert, daß die Barrieren, die
der Ausbreitung von Epidemien heute gesetzt sind, keineswegs so sicher
sind, wie man allgemein annimmt. Es wird nicht nur immer schwieriger,
die Erkrankungen unter Kontrolle zu halten, sondern auch immer
wahrscheinlicher, daß Stadtbevölkerungen immer stärker durch die sich
ausbreitende Umweltverschmutzung in ihrer Gesundheit beeinträchtigt
werden, auch wenn die Schadstoffmengen noch nicht hoch genug sind, um
einzelne Krankheitsfälle mit Sicherheit auf sie zurückzuführen. Gleichzeitig erhöht sich durch den zunehmenden internationalen Verkehr die
Gefahr der Ausbreitung von Krankheiten. Auf dem Hintergrund dieser

---

Abb. 2: Verbleibende Reserven an Mineralien bei gleichbleibendem und bei steigendem
Verbrauch.[6]
Silber (Ag), Aluminium (Al), Gold (Au), Kobalt (Co), Chrom (Cr), Kupfer (Cu), Eisen (Fe),
Quecksilber (Hg), Magnesium (Mn), Molybdän (Mo), Nickel (Ni), Blei (Pb), Platin (Pt),
Zinn (Sn), Wolfram (W), Zink (Zn).

Erscheinungen und einer um sich greifenden Demoralisierung in der
Öffentlichkeit kann der Zusammenbruch lebenswichtiger sozialer Einrichtungen wie der Wasserversorgung und der Gesundheitsfürsorge sehr leicht
Epidemien hervorrufen, und es läßt sich keineswegs mit Sicherheit
behaupten, daß wir unter solchen Umständen ihrer noch Herr würden.
In Zeiten des Verfalls und chaotischer sozialer Zustände ist es sehr
wahrscheinlich, daß sich skrupellose Elemente der Regierungsgewalt
bemächtigen und nicht zögern werden, benachbarte Staaten anzugreifen,
wenn es ihnen so erscheint, daß sie dadurch einen größeren Anteil an den
schwindenden Rohstoffen der Erde erobern könnten. Eine stets wachsende Zahl von Staaten besitzt Kernkraftwerke; um 1980 werden es rund
36 sein. Sie verfügen dadurch über Plutonium zur Herstellung von
nuklearen Sprengsätzen. Die Wahrscheinlichkeit von Serien lokaler, wenn
nicht globaler, nuklearer Kriegshandlungen nimmt daher rapide zu.

Schlußfolgerungen

Im Anhang finden sich nähere Ausführungen über ökologische und
soziale Systeme und ihren Zerfall, über Bevölkerung und Nahrungsmittelversorgung sowie über die Weltrohstoffvorräte und ihre drohende
Erschöpfung. Es gibt Leute, die diese Hinweise auf die Konsequenzen aus
der Fortsetzung der gegenwärtigen Wachstumsraten als phantastisch
betrachten. Aber der Gedankensprung von den vorliegenden wissenschaftlich bestätigten Daten zu der Voraussage einer Menschheitskatastrophe ist
fast bedeutungslos gegenüber dem, der notwendig ist, sich, ohne lächerlich
zu werden, eine Erde mit 10 bis 15 Milliarden Bewohnern vorzustellen, die
alle denselben Lebensstandard wie die USA genießen sollen, auf einer
betonierten Erdoberfläche, auf der sich außer ihnen nur noch Maschinen
bewegen. Da wir unausweichlich vor einer gewaltigen Veränderung
stehen, haben wir Entschlüsse zu fassen und müssen wir sie völlig
nüchtern treffen, aufgrund der umfassendsten Informationen, nicht aber
als Karikaturen geisteskranker Wissenschaftler.
Eigentlich sollte es jetzt klar sein, daß die Hauptprobleme unserer Umwelt
nicht die Folge zeitweiliger und zufälliger Fehlfunktionen des gegenwärtigen wirtschaftlichen und sozialen Systems sind. Sie sind im Gegenteil
warnende Hinweise auf eine prinzipielle Unverträglichkeit zwischen dem
tiefverwurzelten Glauben an ein ständiges Wachstum und der beginnen-
den Erkenntnis, daß die Erde im Grunde ein Raumschiff ist, das Vorräte
in riesigen, aber keineswegs unbegrenzten Mengen besitzt und das
außerdem sehr empfindlich auf eine gedankenlose Fehlsteuerung reagiert.

Entscheidend ist unsere Reaktion auf diese Anzeichen. Wenn wir uns weigern, die tieferen Gründe unserer Probleme anzuerkennen, so kann sich daraus nur eine zunehmende Enttäuschung und wachsende Belastung der anfälligen Regelkreise ergeben, durch die der äußere Friede und der innere Zusammenhalt der menschlichen Gemeinschaft letzten Endes gewährleistet werden. Wenn wir jedoch auf diese beispiellose Bedrohung mit fundiertem Wissen und konstruktiv antworten, so wird die Belohnung dafür ebenso hoch sein wie die Strafe für die Nichtbeachtung.

Wir sind uns der politischen Realitäten wohl bewußt, um vorauszusehen, daß viele der Vorschläge, die im nächsten Kapitel vorgebracht werden, als undurchführbar erscheinen. Wir glauben jedoch, daß, wenn überhaupt irgendeine Strategie zum Überleben eine Erfolgschance haben soll, die sich bietenden Lösungsmöglichkeiten in nüchterner Erkenntnis der Probleme ausgesprochen werden müssen, unbeeinflußt von der furchtsamen und oberflächlichen Weisheit, nur das zu sagen, was opportun oder unmittelbar möglich erscheint. Wenn wir Gegenmaßnahmen unter den Gesichtspunkten politischer Klugheit statt entsprechend den ökologischen Realitäten planen, dann werden wir uns nach allem, was wir wissen, mit großer Sicherheit auf den direkten Weg zur Auslöschung unserer Gesellschaft begeben.

Als eine Maßnahme politischer Realität haben jetzt die Regierungen die Tatsache der drohenden Krise anzuerkennen. Das ist besonders deshalb notwendig, weil die Regierungen sich bis jetzt keine Möglichkeiten verschafft haben, Energieerzeugung und -verbrauch, Rohstoffe, Nahrungsmittel, Umweltzerstörung und sozialen Verfall als Ganzes zu betrachten, im weltweiten Rahmen, sondern statt dessen vorziehen, die einzelnen Faktoren auch einzeln zu beeinflussen, als wären sie tatsächlich einzelne, voneinander unabhängige Größen. Der Beratungsstab im englischen Kabinett glaubt noch immer, daß »keine speziellen Studien über die Umwelt notwendig sind, die Wissenschaftler über die Umwelt oder Ökologen erfordern«. Man kann die Lage der Menschheit nicht richtig würdigen, wenn man sie nicht in ihrer Totalität betrachtet; aber die Regierung sieht keine Ursache für Untersuchungen, solange die Ergebnisse solcher Untersuchungen noch nicht vorliegen.

Da die Regierungen dazu neigen, die Erde aus einzelnen Fragmenten und nicht als Ganzes zu betrachten, ist es schwierig, in ihren Handlungen oder Aussagen irgendeine zweckentsprechende Politik zu entdecken, obwohl die größeren politischen Parteien wie hypnotisiert von zwei Grundgedanken sind: daß wirtschaftliches Wachstum wesentlich sei für das Überleben und gleichzeitig Anzeichen für Fortschritt und Wohlbefinden und daß, solange sich noch Lösungen zeigen, die diese fixe Idee nicht gefährden,

die anstehenden Probleme gar nicht existieren. Unglücklicherweise entwickeln die Regierungen eine zunehmende Initiative zur Unterstützung
ständiger Expansion, um die Tendenz zu ökonomischem Wachstum zu
fördern, die wiederum ökonomisches Wachstum hervorruft. Dies geschieht auf sechs Arten:
1. Die ständig zunehmende Nutzung technologischer Hilfsmittel, das heißt
das Wachstum der technischen Welt, kann nur zur Belastung der
Ökosphäre führen; mit anderen Worten bedeutet dies, die natürlichen
Kontrollfunktionen werden zerstört, sie müssen deshalb durch noch
weitergehende technologische Maßnahmen ersetzt werden. So erfordert
die Anwendung von Insektenvertilgungsmitteln und Kunstdünger den
Einsatz weiterer Insektenvertilgungsmittel und Kunstdünger.
2. Industrielles Wachstum führt aus verschiedenen Ursachen zu einer
Bevölkerungszunahme, besonders in den ersten Wachstumsphasen, vielfach aber auch in den späteren Entwicklungsstadien bei hohen Wachstumsraten, beispielsweise in Großbritannien mit 0,5 Prozent. Ständig
müssen daher für weitere Menschen Arbeitsplätze geschaffen werden –
nicht irgendwelche, sondern solche, die den gängigen Wertmaßstäben
entsprechen. Das bedeutet im Grunde, daß die Kapitalausgabe für jeden
Beschäftigten ständig auf gleicher Höhe gehalten werden muß; denn sonst
sinkt der Stand der Produktivität pro Person, der für die Lebensfähigkeit
der Wirtschaftsunternehmen und für den Lebensstandard bestimmend ist.
3. Keine Regierung kann hoffen, eine länger dauernde Periode weitverbreiteter Arbeitslosigkeit zu überstehen. Ohne grundlegende Änderungen
des gesellschaftlichen Systems in den Industriestaaten läßt sich Arbeitslosigkeit aber nur durch die Förderung wirtschaftlichen Wachstums
vermeiden.
4. Wirtschaftsunternehmen, gleichgültig ob verstaatlicht oder in privater
Hand, tendieren zur Eigenständigkeit und zu Eigenleben. Sie müssen
Gewinne erwirtschaften, um weitere Investitionen vorzunehmen. Dies
fördert ständiges Wachstum.
5. Der Erfolg von Regierungen und ihre Fähigkeit, Zustimmung zu
erlangen, hängt weitgehend davon ab, inwieweit es ihnen gelingt, den
Lebensstandard zu erhöhen, dessen Höhe als Bruttosozialprodukt angegeben wird.
6. Um den Stand des Kapital- und Aktienmarktes zu sichern, muß das
Vertrauen in die Wirtschaftskraft erhalten bleiben, die aber grundsätzlich
von der Fähigkeit zu weiterem Wachstum abhängt. Wenn dieses
Vertrauen schwindet, fallen die Aktienkurse rapide, das für Neuinvestitio-
nen zur Verfügung stehende Kapital verringert sich drastisch und stoppt
weiteres Wachstum mit dem Ergebnis um sich greifender Arbeitslosigkeit.

Diese würde weitere Aktienstürze verursachen und damit eine in sich rückgekoppelte Kettenreaktion in Gang setzen, die unter den gegenwärtigen Bedingungen zum Zusammenbruch des Sozialsystems führen könnte. Aus all diesen Gründen ist zu erwarten, daß die Regierungen gleich welcher Partei und Richtung stets ein weiteres Wachstum des Bruttosozialprodukts anstreben, ohne Rücksicht auf die möglichen Folgen. Experten, die deren Tragweite herunterspielen, finden sich immer. Die Regierungen werden sich um die Beschränkung weiteren Wachstums nur bemühen, wenn dies von der Öffentlichkeit gefordert und damit zu einem lohnenden politischen Ziel wird und wenn Methoden erarbeitet sind, die Wachstumsbeschränkungen ohne den Preis weitverbreiteter Arbeitslosigkeit und hoher Kapitalbelastung möglich machen. Dies erscheint jedoch nach unserer Meinung nur im Rahmen einer Planung möglich, die alle Bereiche des öffentlichen und sozialen Lebens umfaßt.

Die Betonung liegt hierbei auf der Integration. Wenn wir zum Beispiel relativ schmutzfreie technologische Verfahren entwickeln, nicht aber gleichzeitig das Wirtschaftswachstum beenden, werden wir früher oder später wieder vor den gleichen Problemen der Umweltverschmutzung stehen wie zuvor, dann aber ohne die Möglichkeit weiterer Gegenmaßnahmen. Wenn wir unsere Wirtschaft stabilisieren und den Verbrauch unserer sich nicht wieder regenerierenden Rohstoffvorräte beschränken, ohne aber gleichzeitig die Bevölkerungszahl stabil zu halten, werden wir uns recht rasch in die mißliche Lage versetzt sehen, nicht mehr genügend Nahrungsmittel erzeugen zu können. Wie die Systemdynamiker Forrester und Meadows[7] überzeugend bewiesen, werden alle Versuche zu Teillösungen eher neue Probleme schaffen als lösen, auch wenn ein integriertes Gesamtprogramm geradezu entmutigend schwierig erscheinen mag.

Wir müssen eine dauerhafte Gesellschaft schaffen, die ihren Mitgliedern die größten Möglichkeiten einer befriedigenden Lebensführung ermöglicht. Eine solche Gesellschaft kann grundsätzlich nicht auf Wachstum, sondern nur auf Stabilität beruhen. Das bedeutet nicht, daß es eine stagnierende Gesellschaft sein müßte. Sie könnte im Gegenteil reichere Möglichkeiten der Entfaltung bieten als die Gleichförmigkeit der gegenwärtig vorherrschenden Bestrebungen, die durch den Zwang im technologischen Wettbewerb gesetzt sind. Wir sind der Überzeugung, daß eine stabile Gesellschaft, deren Verwirklichung im folgenden Kapitel erörtert wird, die das Damoklesschwert beseitigen würde, das über den Häuptern der folgenden Generationen hängt, wesentlich besser als die gegenwärtige Gesellschaft in der Lage wäre, den Weltfrieden herzustellen und die Ideale zu verwirklichen, die bislang leider als völlig utopisch betrachtet werden mußten.

Der Weg zur stabilen Gesellschaft

Strategie einer Wandlung

Die Grundbedingungen für eine stabile Gesellschaft, die sich ohne zeitliche Beschränkung prinzipiell aufrechterhalten läßt und dabei allen ihren Mitgliedern befriedigende Lebensumstände bieten kann, sind:
1. geringstmögliche Störung der ökologischen Prozesse;
2. größtmögliche Erhaltung von Material und Energie, das heißt eine Wirtschaft, die eher auf dem Bestand als auf Überfluß und Verschwendung beruht;
3. eine Bevölkerung, in der die Zahl der Nachkommen der Zahl der Sterbefälle angeglichen ist;
4. ein soziales System, durch das der einzelne eher die Vorteile als die Beschränkungen dieser Bedingungen zu fühlen bekommt.

Um diese vier Grundbedingungen zu erreichen, sind kontrollierte und exakt aufeinander abgestimmte Veränderungen auf zahlreichen Gebieten erforderlich. Sie können sehr wahrscheinlich durch sieben Maßnahmen eingeleitet und erreicht werden:
1. Kontrollmaßnahmen technischer Art, welche die Zerstörung der Umwelt auf ein Mindestmaß reduzieren;
2. Ingangsetzung von Prozessen, die bewirken, daß die gegenwärtig vorherrschenden Trends eingefroren werden;
3. zunächst nicht systemkonformen Ersatz der gefährlichsten Kräfte dieser Entwicklung durch technologische Prozesse, die kurzzeitig geringere schädliche Wirkungen haben und langfristig immer unwirksamer werden;
4. systemkonformen Ersatz dieser technologischen Prozesse durch Ingangsetzung natürlicher, das heißt sich selbst regulierender Prozesse. Sie müssen Duplikate der normalen Vorgänge in der Ökosphäre darstellen oder dürfen diese zumindest nicht behindern, so daß sie über sehr lange Zeitperioden aufrechterhalten werden können;
5. Förderung der Entwicklung und Anwendung technologischer Prozesse, die material- und energiesparend und auf mehr oder weniger in sich

geschlossene Gemeinschaften zugeschnitten sind und die ökologischen Prozesse nur geringfügig beeinflussen;

6. Maßnahmen zur Dezentralisierung von Politik, öffentlichem Leben und Wirtschaft auf allen Ebenen; damit zusammenhängend die Bildung von Lebensgemeinschaften, die klein genug sind, um sich in weitem Maß selbst erhalten und regulieren zu können;

7. Erziehungs- und Bildungsmaßnahmen, die auf die Bildung solcher Gemeinschaften ausgerichtet sind.

Einige notwendige Änderungen werden nicht die Anwendung all dieser Maßnahmen erforderlich machen. Dies wird sich zeigen, wenn wir näher untersuchen, wie die vier Grundbedingungen für eine stabile Gesellschaft überhaupt zu erreichen sind. Andererseits werden einige Maßnahmen gleichzeitig angewandt oder gestaffelt zur Wirkung gebracht werden, wird eine Maßnahme bereits begonnen, ehe die Wirkung der vorhergehenden abflaut. Ein zeitliches Konzept dieser Art erleichtert und klärt das Zusammenwirken der einzelnen Veränderungen.

Wir wissen, daß eine überstürzte oder nicht planvoll in Gang gesetzte Veränderung sich äußerst negativ auswirken und zu Folgen führen kann, die dem beabsichtigten Zweck widersprechen. Andererseits aber ist zu beachten, daß jede vorgeschlagene Maßnahme jetzt schon unter Zeitdruck steht und die noch verfügbare Zeitspanne bis zu ihrer Auswirkung durch das exponentielle Wachstum von Bevölkerung und Umweltverschmutzung und durch die rasch abnehmenden Rohstoffvorräte sowie den noch kaum richtig erfaßten Grad der Schädigung unserer Umwelt immer kürzer wird. Allen Maßnahmen sind daher zeitliche Grenzen gesetzt, innerhalb deren sie so angewendet und miteinander kombiniert werden müssen, daß Arbeitslosigkeit und Ausgaben auf ein Mindestmaß verringert werden.

Wir sind überzeugt, daß es tatsächlich möglich ist, eine expandierende in eine stabile Gesellschaft ohne Verlust an Arbeitsplätzen oder extreme Zunahme der notwendigen Ausgaben umzuwandeln. Unvermeidlich sind jedoch große Änderungen in der »Arbeitsplatzgeographie« und in der Kapitalinvestitionspolitik. Dies kann zu sozialen Belastungen führen, welche die Produktivität entscheidend senken. Ein sorgfältig ausgearbeitetes integrierendes Programm sollte diese Erscheinungen auf ein Mindestmaß beschränken, und eine offene Regierungspolitik sollte die volle Mitarbeit der Bevölkerung sichern und den Erfolg dieser umfassenden Unternehmung garantieren.

Ehe wir auf Einzelheiten eingehen, muß noch ein weiterer wichtiger Punkt erwähnt werden: Wenn die verschiedenartigen sozialen und wirtschaftlichen Bestandteile oder variablen Größen der Industriegesellschaft geändert oder ersetzt werden, ergeben sich ebenso verschiedene, starke

Belastungen. So läßt sich eine Situation vorstellen, in der 25 Prozent der sozial-wirtschaftlich veränderlichen Größen zur Herstellung einer stabilen Gesellschaft aufgewendet werden und im Hinblick auf eine expandierende Gesellschaft falsch eingesetzt erscheinen. Solch eine Situation kann mehr Probleme schaffen als lösen. Und wenn erst 50 Prozent der Variablen für Stabilität, die anderen 50 Prozent für Wachstum eingesetzt werden, entstehen mit Sicherheit überwältigende Schwierigkeiten und Spannungen. Darüber hinaus aber erleichtern jede erreichte Veränderung und der Ersatz jeder vorher wirksamen Tendenz durch eine neue, dem stabilen System angepaßte Veränderung die Herbeiführung eines stabilen Gesellschaftszustandes. Die menschliche Denkfähigkeit kann sich die Aufeinanderfolge der sich aus einem komplexen System von Änderungen ergebenden Zustände nur schwer vorstellen; und praktisch unmöglich ist es, sich die Auswirkungen der gegenseitigen Beeinflussung durch die verschiedenen Komponenten der angewandten Maßnahmen vor Augen zu führen. Aber obwohl es unsinnig wäre anzunehmen, daß künftig Computer die menschliche Denkarbeit vollständig ersetzen, sind sie doch besonders geeignet, die Folgerungen aufzuzeigen, die sich über einen bestimmten Zeitraum für zahlreiche Veränderungen innerhalb sozialer und ökologischer Systeme ergeben.

Entlastung des Ökosystems

Ökologische Prozesse können durch Fremdstoffe, die nicht in das Ökosystem passen, unterbrochen werden, aber auch durch ihm an sich zuträgliche Stoffe in den falschen Mengen. Daraus folgt, daß die am meisten angewandte Methode der Schadstoffbeseitigung, die Zerstreuung dieser Stoffe, gar keine Beseitigung ist, sondern eine mehr oder weniger unsinnige Spielerei mit dem Zeitfaktor. Das Abladen von Müll auf abgelegenen Müllhalden löst das Müllproblem zwar für den einzelnen, die wachsenden Müllhalden bereiten aber der Gemeinschaft immer größere Schwierigkeiten. Rauchlos verbrennende Haushaltsbrennstoffe waren willkommene Anzeichen des Fortschritts für die Einwohner Londons und Sheffields, aber die Herstellung dieser Brennstoffe verursacht Luftverschmutzung und bringt gesundheitliche Gefahren jetzt für alle, die in der Nähe der betreffenden Produktionsfirmen leben müssen.
Die Abführung von schädlichen Gasen durch hohe Schornsteine verändert meist nur den Grad der Schadstoffwirkung: Wurden zuvor wenige Menschen höheren Konzentrationen ausgesetzt, so jetzt mehr Menschen geringeren Konzentrationen. In Flußmündungen und Küstengewässern,

ertragreichen Fischereigründen, können geringe Mengen von Abwässern und Abschwemmungen aus landwirtschaftlich genutzten Flächen durch ihren Nährstoffgehalt zwar ertragssteigernd wirken, in großen Mengen sind sie aber ebenso schädlich und zerstörend wie chlorierte Kohlenwasserstoffe und giftige Schwermetalle.

Die Verteilung der Abfallstoffe ist daher keine Dauerlösung. Abfallbeseitigung bedeutet, daß die Materialien wieder in den ökologischen Kreislauf eingebracht werden oder künstliche Abbauprozesse stattfinden, die den natürlichen so nahestehen, daß sie keine schädigende Wirkung haben. Auf längere Zeit muß bei der Abfallbeseitigung unsere Abhängigkeit von technologischen Prozessen verringert und soviel Abfall wie irgend möglich wieder in den natürlichen ökologischen Kreislauf zurückgeführt werden. Unter diesem Gesichtspunkt wollen wir einige gegenwärtig akute Probleme der Schadstoffbeseitigung und ihre Lösungsmöglichkeiten untersuchen.

Schädlingsbekämpfungsmittel (Pestizide)
Es gibt keine andere Möglichkeit, Umweltschädigungen durch Schädlingsbekämpfungsmittel zu reduzieren, als deren Anwendung einzuschränken. Um dies zu erreichen, sind drei verschiedene Maßnahmen erforderlich: Stopp der Steigerungsraten des Verbrauchs, dann zunächst nichtsystemkonformer Ersatz und schließlich die Entwicklung systemkonformer Ersatzmittel. Das Anhalten des Verbrauchs, das Einfrieren, bedeutet, daß die Abhängigkeit von Schädlingsbekämpfungsmitteln, besonders von den sich schlecht zersetzenden chlorierten Kohlenwasserstoffen, verringert wird. In den Industrieländern ist dies relativ einfach; der Verbrauch an DDT, Dieldrin und anderen beginnt dort bereits zu fallen. In den unterentwickelten Gebieten ist dies einfach unmöglich, solange die Industriestaaten sie nicht unterstützen, damit auch dort die sehr viel teureren Ersatzmittel angewandt werden können. Die Kosten zur Bekämpfung von Malaria würden von 60 Millionen Dollar jährlich auf 184 Millionen Dollar ansteigen, wenn statt DDT Malathion versprüht wird, durch die Anwendung von Propoxur sogar auf 510 Millionen Dollar jährlich[8].

Falls jedoch solch eine Unterstützung gegeben würde, könnten die unterentwickelten Gebiete mit der zweiten Maßnahme beginnen – die Industriestaaten könnten dies im übrigen jetzt schon tun –, mit der Einführung nicht beständiger Schädlingsbekämpfungsmittel wie organischer Phosphate und Carbamate anstelle der chlorierten Kohlenwasserstoffe. Danach könnte die dritte Maßnahme, der Ersatz von Schädlingsbekämpfungsmitteln durch die Ingangsetzung natürlicher Kontrollfunktionen gegen Schädlinge, folgen. Dabei müssen jedoch zwei Umstände beachtet werden:

1. Es ist unwahrscheinlich, daß diese dritte Maßnahme jemals vollständig sein könnte; das heißt, daß wir dennoch über eine beträchtliche Zeitspanne auf Schädlingsbekämpfungsmittel angewiesen sein werden, die jedoch entsprechend dem Gesamtprogramm nur in genau vorausberechneten Minimalmengen benutzt werden dürften.

2. Die zweite und dritte Maßnahme hätten nur sehr beschränkte Wirkung, sofern nicht alle Gebiete der Erde diese Maßnahmen in vollem Umfang durchführen würden. Der Nachteil integrierter Kontrollmaßnahmen – der Kombination biologischer und technischer Maßnahmen, der Einführung möglichst verschiedener Nutzpflanzen und der exakt gesteuerten Anwendung spezifischer Schädlingsbekämpfungsmittel – besteht darin, daß wir tatsächlich über ihre endgültige Wirkung noch nicht genug wissen. Deshalb ist ein Forschungsprogramm hier dringend erforderlich. Die auf landwirtschaftlichem Gebiet tätigen chemischen Industriezweige sollten dazu ermutigt werden, zur Erforschung und Entwicklung integrierter Maßnahmen beizutragen. Da die Gewinne bei der Durchführung solcher Maßnahmen mit Sicherheit nicht so hoch wären wie bei der Erzeugung chemischer Bekämpfungsmittel, müßte diese Forschung mit öffentlichen Mitteln unterstützt werden, ebenso wie die Schulung von Beratungsstäben für integrierte Maßnahmen, die landwirtschaftliche Unternehmer und Bauern besonders in den unterentwickelten Ländern aufzuklären hätten. Solche Investitionen wären jedoch im Vergleich mit den riesigen Summen, die jährlich für Schädlingsbekämpfungsmittel ausgegeben werden, sehr gering, wenn integrierte Maßnahmen erst einmal praktisch ergriffen würden.

Ein Übergang von chemischer Bekämpfung zu einer integrierten Maßnahme könnte etwa wie folgt ablaufen: Die Anwendung organischer Kohlenwasserstoffe wird gestoppt, und an ihrer Stelle werden rasch zersetzende Mittel eingesetzt. In einigen Bereichen der Landwirtschaft können auch diese sehr rasch wieder durch integrierte Kontrollmaßnahmen ersetzt werden. In anderen Bereichen wird dies länger dauern; weitgehend dürfte die Zeitspanne von unseren Kenntnissen der betreffenden landwirtschaftlich-ökologischen Prozesse und auch davon abhängen, inwieweit geschultes Personal zur Verfügung steht.

Düngemittel
Zwar ist auf vielen Gebieten die Anwendung von anorganischem Dünger

wertvoll, ihr übertriebener Gebrauch führt jedoch zu zwei schwer zu lösenden Problemen: zur Anreicherung von Schadstoffen in Frischwasseranlagen durch Ausschwemmung gedüngter Flächen und schließlich zum Rückgang der Erträge infolge langsamer, aber unvermeidlicher Erschöpfung des Bodens (siehe Anhang). Wiederum gibt es drei verschiedene Maßnahmen zur Lösung: Einfrieren, unsystematischer und dann systemorientierter Ersatz.

Die erste Maßnahme erfordert, daß anorganische Dünger nicht zunehmend angewandt werden und für sie Ersatzmittel zur Verfügung stehen. Wiederum ist dies relativ leicht in den Industrienationen durchzuführen, obwohl man wahrscheinlich einen leichten Rückgang der Erträge pro Flächeneinheit in Kauf nehmen muß. In den unterentwickelten Gebieten, in denen jetzt neue Kreuzungen von Reis und Weizen gerade eingeführt werden, erscheint dies fast unmöglich. Da diese Arten riesige Mengen von Kunstdünger benötigen, teilweise bis zum 27fachen der bisherigen Sorten, sehen sich die unterentwickelten Gebiete vor einer nicht gerade beneidenswerten Entscheidung: Entweder erhalten sie innerhalb des nächsten Jahrzehnts ihre Nahrungsmittelerzeugung auf Kosten beträchtlicher Schädigung der Qualität ihrer Anbauflächen und der Erträge auf längere Sicht aufrecht, oder sie verbessern die Struktur ihrer Kulturflächen, so daß ein großer Teil ihrer Bevölkerung zwar sehr lange Zeit ernährt werden kann, gleichzeitig verbunden mit der klaren Erkenntnis, daß die gegenwärtige Bevölkerungszahl automatisch durch natürliche Vorgänge wie Hungersnöte und Epidemien reduziert wird. Die langfristige Lösung heißt selbstverständlich Geburtenbeschränkung. Bis diese aber wirksam wird, scheint es keine andere Alternative zu geben, als sich auf Anbaumethoden zu konzentrieren, die über lange Zeit möglich sind, selbst um den Preis eines unmittelbaren Rückgangs der Erträge. Die Folgen, die sich ergeben, wenn man nicht so vorgeht, erscheinen schlimmer als diejenigen, die eintreten, wenn man die Vorteile der neuen Kreuzungen nicht nutzt. Deshalb muß für die Zwischenzeit von den Haupterzeugern landwirtschaftlicher Produkte, den USA, der UdSSR, Kanada, Australien und Neuseeland, ein Not-Ernährungsprogramm entwickelt werden, um den Nahrungsmittelmangel in der schwierigen Übergangsperiode soweit wie irgend möglich zu lindern.

Die zweite Maßnahme bedingt die allmähliche Einführung organischer statt anorganischer Dünger und die Rückkehr zu den landwirtschaftlichen Methoden der Mehrfelderwirtschaft und des zeitweisen Brachliegenlassens. Dies würde zur dritten Maßnahme überleiten: der Einführung sehr verschiedenartiger Anbaumethoden anstelle unserer heutigen Monokulturen. Das stellt keine Rückkehr zu traditionellen Methoden in der

Landwirtschaft dar, sondern vielmehr den Übergang von fließender
Ertragserzeugung zu zyklischer Produktion. Bei fließender Ertragserzeugung werden die Nährstoffe dem Boden aus Quellen außerhalb des
ökologischen Systems (Fabriken) zugeführt, ein Teil wird von den
Nutzpflanzen aufgenommen, aber ein größerer Teil wird wieder ausge-
schwemmt. Beim zyklischen Anbau werden die vorhandenen Nährstoffe
genutzt und dann in einem möglichst geschlossenen Kreislauf dem Boden
neu zugeführt. Organische Dünger haben den unschätzbaren Vorteil, daß
die Bodenstruktur ihnen in jeder Hinsicht besser angepaßt ist. Im Humus
liegt zum Beispiel der Stickstoff jeweils nur zu 0,5 Prozent in anorganischer Form vor; 99,5 Prozent sind in ihm in Form verrottenden
Pflanzenmaterials, pflanzenfressender Insekten und anderer Fauna sowie
tierischer Exkremente gespeichert. Ein hoher Anteil organischer Stoffe ist
für den Boden von großer Bedeutung, weil er über lange Zeiträume
kultivierbar bleibt, weil er Wasser speichern kann, ohne zu versauern, und
Nährstoffe anreichern, so daß sie für die Aufnahme durch Pflanzen
verfügbar bleiben; denn diese organischen Stoffe stellen eine optimale
Umwelt für die Mikroorganismen als Garantie für eine Fruchtbarkeit
über lange Zeiträume dar. Am wirksamsten werden dem Boden organische Stoffe durch die Exkremente des mit Hülsenfrüchten und Gras
gefütterten Weideviehs wieder zugeführt. Vieh, dem man es ermöglicht,
seine Nahrung im Freien zu suchen, bringt den doppelten Vorteil, daß es
sich unter Bildung eines gesunden Fettpolsters entwickelt und den Boden
mit seinen Exkrementen anreichert, statt Gewässer und Entwässerungsan-
lagen zu verschmutzen. Durch eine artenreiche Landwirtschaft nutzen wir
vorteilhaft unsere ständig zunehmenden Kenntnisse über die Ökologie der
Landwirtschaft.

Abwasser aus Wohngebieten

Die Abwassermenge ist proportional zur Bevölkerungszahl. Sie kann nur
durch eine Stabilisierung oder Verringerung der Bevölkerung reguliert
werden. Das Abwasser kann und sollte jedoch viel wirksamer beseitigt
werden. Es ist geradezu absurd, daß die wichtigen biologischen Nährstoffe, die es enthält, Frischwasser und Küstengewässer verschmutzen, und
daß die Gesellschaft sich gezwungen sieht, sie in Gebiete einzuleiten, in
denen sie nicht genutzt werden können. Leider können die Industrienationen sie aus zwei Gründen nicht uneingeschränkt als landwirtschaftlichen
Dünger verwenden: Sie sind meist durch Industrieabfälle vergiftet, und sie
erfordern zu hohe Transportkosten. Diese Schwierigkeiten lassen sich
überwinden: Im ersten Fall durch eine bessere Kontrolle der industriellen

Schadstoffausschüttung, so wird der Gehalt an Giftstoffen entscheidend gesenkt; im zweiten Fall durch eine Dezentralisierung der Wohn- und Anbaugebiete. In den unterentwickelten Ländern kann das Abwasserproblem durch Beihilfen zum Bau von Kläranlagen gelöst werden, die reines Abwasser und nutzbaren Klärschlamm liefern.

Industrielle Abfallstoffe

Die Ausschüttung industrieller Abfallstoffe kann durch zwei Maßnahmen reduziert werden: bessere Kontrollen und technologische Verfahren, die material- und energiesparend sind. Wir haben bereits ausgeführt, daß entscheidend bei der Bekämpfung der Umweltverschmutzung nicht die Ablagerung der Schadstoffe, sondern ihre Wiederverwendung in einem geschlossenen Kreislauf ist. Diese Rückführung in den Kreislauf ist der Angelpunkt aller Maßnahmen zur Rohstoffersparnis.

Übergang zur Rohstoff-Vorratswirtschaft

Der Übergang von einem Wirtschaftssystem des Verbrauchs zu einem der Rohstoffersparnis kann unter zwei Gesichtspunkten betrachtet werden: der Verwaltung der Rohstoffe und des sozialen Bedarfs.

Rohstoffwirtschaft

Entscheidend ist, daß der Durchsatz von Rohstoffen stark reduziert wird, um die sich nicht wieder regenerierenden Rohstoffvorräte zu erhalten und die Schadstoffmengen zu vermindern. Da für die Industrie ein wirtschaftlicher Anreiz bestehen muß, um Material und Energie zu sparen und soviel wie möglich wieder zu nutzen, schlagen wir einige fiskalische Maßnahmen zu diesem Zweck vor:
1. Eine allgemeine Steuer auf Rohstoffe. Ihre Höhe müßte sich nach der jeweiligen Verfügbarkeit der Rohstoffart richten. Sie wäre dafür bestimmt, die Reserven über längere Perioden zu erhalten, und würde dazu anregen, daß während dieser Zeit unsere Abhängigkeit von diesem Rohstoff verringert wird. Die Steuer würde Industriezweige mit großem Materialbedarf benachteiligen und jene auf dem Sektor der Verarbeitung bevorzugen. Ferner würde sie Produkte mit kurzer Nutzungsdauer verteuern.
2. Eine Steuer auf Amortisationen. Sie sollte umgekehrt proportional zur mittleren Lebensdauer eines Produkts sein; zum Beispiel 100 Prozent für

ein Produkt mit einer Nutzdauer von einem Jahr und null Prozent für
Güter mit Nutzungsdauer von 100 und mehr Jahren. Sie würde
kurzlebige, besonders Wegwerfprodukte verteuern und dadurch den
Rohstoffverbrauch und die Schadstofffreisetzung – besonders die Müll-
berge – reduzieren. Kunststoffe, deren bemerkenswerteste Eigenschaft ihre
Beständigkeit ist, würden in erster Linie für solche Waren benutzt, bei
denen diese Eigenschaft wichtig ist, nicht aber für Einkaufsbeutel. Diese
Besteuerung würde auch die verarbeitenden Industrien bevorzugen.

Die Besteuerung von Rohstoffen würde offensichtlich ihre Wiederverwendung begünstigen. Wie sich das auswirkt, läßt sich leicht am Beispiel des
so lebenswichtigen Wassers darstellen. Die zunehmenden Konflikte
zwischen landwirtschaftlichen Betrieben, Naturschutzbehörden und Was-
serwirtschaftsämtern zeigen, daß der Wasserbedarf mit anderen, nicht
weniger wichtigen Bedarfsarten in Widerspruch steht. Gegenwärtig gibt es
für die Wasserwirtschaftsämter keine andere Wahl, als ihrer Pflicht, den
zunehmenden Wasserbedarf zu erfüllen, nachzukommen. Ein Wasserein-
zugsgebiet nach dem anderen wird ausgeschöpft. Es versteht sich, daß der
Bedarf stabilisiert werden muß. Da dieser ein Produkt aus Bevölkerungszahl und dem Verbrauch pro Kopf ist, müssen auch diese beiden
stabilisiert werden. Deshalb sollte eine bestimmte Wassermenge jeder
Person steuerfrei zur Verfügung gestellt werden, jede darüberliegende
Menge aber progressiv besteuert werden. Im industriellen Bereich würde
dies zweifellos dazu anregen, Wasserumlaufsysteme einzurichten, den
Wasserbedarf zu reduzieren und die Belastung unserer fließenden Gewässer zu verringern.

Trotz des Anreizes einer Rohstoffsteuer wären eine Reihe von Schadstoffen zur Wiederverwendung ungeeignet, bei anderen wäre sicherlich solch
eine Rückführung in einen geschlossenen Umlaufprozeß technisch unsinnig oder unmöglich, beispielsweise bei den radioaktiven Abfällen von
Kernkraftwerken. Außerdem löst die Wiederverwendung nicht jedes
Problem. Es wird immer eine bestimmte, nicht erfaßbare Mindestmenge
geben, die so unschädlich wie möglich abgelagert werden muß. Dies zeigt
sich, wenn wir zum Beispiel eine Wachstumsrate von drei Prozent
annehmen und Maßnahmen, welche die Schadstoffausschüttung generell
um 80 Prozent reduzieren. Dies würde dazu führen, daß wir bereits in 52
Jahren wieder die heutige Ausgangssituation mit der gleichen Menge
freigesetzter Schadstoffe hätten, aber mit dem dann noch sehr viel
größeren Problem, die Freisetzung weiterer Mengen zu reduzieren. Wenn
wir von einer Wachstumsrate von sechs Prozent ausgehen, würden wir
diesen Zustand bereits in 26 Jahren erreichen. Es ist auch zu bedenken,
daß die Wiederverwendung Energie kostet und damit selbst Schadstoffe

freisetzt. Daraus ergibt sich die Notwendigkeit, energiesparende Verfahren zur Wiederverwendung zu entwickeln. Das Problem einer unwirtschaftlichen Wiederverwendung von Abfällen kann durch Regierungsmaßnahmen gelöst werden. Der gesamte betreffende Industriezweig sollte schon in kurzer Zeit zu einer Expansion ermutigt werden, auch wenn wir wissen, daß langfristige industrielle Expansion selbstzerstörerisch wirkt. Das führt zu der komplizierten Frage, was mit dem unzerstörbaren Abfall geschehen kann; sie ist nur durch eine Beschränkung industriellen Wachstums und durch eine Reduzierung des Energieverbrauchs lösbar. Auch auf diesem Gebiet sind fiskalische Maßnahmen von außerordentlicher Bedeutung.

3. Besteuerung der Energie. Sie würde energie-intensive Prozesse, die gleichzeitig bedeutende Schadstoffe freisetzen, hemmen. Da Maschinen mehr Energie benötigen als Menschen, würde diese Steuer gleichzeitig die Beschäftigtenzahl in der Industrie anheben, Arbeitsplätze schaffen und auch die Herstellung kurzlebiger Produkte verteuern.

Schließlich kann die industrielle Schadstoffausschüttung durch Ersatzmaterialien verringert werden. Die Einführung synthetischer Verbindungen anstelle natürlicher hat bedeutende Umweltschäden verursacht, da in vielen Fällen Kunststoffe nur unter großen Schwierigkeiten, in manchen Fällen überhaupt nicht abgebaut werden können. Der Verbrauch dieser synthetischen Materialien anstelle natürlicher Produkte hat außerordentlich zugenommen[9]:

1. Zwischen 1962 und 1968 hat der Pro-Kopf-Verbrauch synthetischer Detergentien um 300 Prozent zugenommen. Sie werden anstelle von Seifen benutzt, deren Pro-Kopf-Verbrauch von 1944 bis 1964 um 71 Prozent zurückging.

2. Synthetische Fasern treten zunehmend anstelle von Wolle, Baumwolle, Seide und anderen natürlichen Fasern. Der Pro-Kopf-Verbrauch der Baumwolle fiel in den USA zwischen 1950 und 1968 um 33 Prozent.

3. Die Produktion von Kunststoffen und Kunstharzen stieg in dem Jahrzehnt nach 1958 in den USA um 300 Prozent. Sie haben weitgehend Holz und Papier ersetzt.

Diese Prozesse verbrauchen nicht wieder regenerierbare fossile Brennstoffe und große Mengen an Energie. Angesichts dieser Tatsachen würde ein Ersatz der einstmals als Ersatz gedachten Kunststoffe durch natürliche Produkte die Umweltbelastung stark vermindern. Es ist jedoch möglich, daß ein derartiger Wechsel andererseits die Umweltbelastung wieder gefährlich erhöht. Große landwirtschaftliche Anbauflächen müßten etwa mit Baumwolle bepflanzt werden und würden dadurch den Bedarf an Schädlingsbekämpfungsmitteln erhöhen. Weiteres Land müßte mit Nutzhölzern aufgeforstet werden und würde dadurch die Monokultur verstärken. Diese Probleme lassen sich nur durch verminderten Verbrauch lösen.

»Genetische Vorräte«

Zu den Rohstoffen in weiterem Sinne, welche die Menschheit benötigt, gehören auch die »genetischen Vorräte«, die Vererbungsfaktoren, die ebenfalls abnehmende Tendenz aufweisen. Genetische Vielfältigkeit ist wichtig zur Sicherung unseres Nahrungsmittelbedarfs, da sie die Grundlage des Pflanzenwachstums darstellt. Je größer diese Vielfalt ist, um so größer sind auch die Möglichkeiten, Kreuzungen zu entwickeln, die sich als besonders widerstandsfähig gegenüber Schädlingen, Krankheiten und klimatischen Belastungen erweisen. Dabei ist zu beachten, daß unablässig neue Kreuzungen herangezüchtet werden, da die Widerstandsfähigkeit gegenüber Krankheiten niemals permanent ist. In der Pflanzenwelt ist die Zahl der verschiedenen Arten in der Natur unvergleichlich größer als die der Arten, die sich künstlich züchten lassen. Die meisten natürlichen Nutzpflanzen findet man in unterentwickelten Gebieten, kultiviert oder wildwachsend. Daß diese Formen durch Varietäten, die für eine begrenzte Zeit hohe Erträge liefern, ersetzt werden können, stellt eine Gefahr dar; Wildpflanzen verschwinden ohnehin, wenn ihre Umwelt zerstört oder stark verändert wird. Auf einer Konferenz der FAO wurde 1967 mitgeteilt, daß der genetische Vorrat der Pflanzenwelt bereits gefährlich vermindert ist und damit auch die Chance, die Qualität der Nahrungsmittel aufrechtzuerhalten[10].

Zentren hohen genetischen Vorrats – Wildnis und unkultiviertes Land – werden oft zerstört, weil man ihre Bedeutung einfach nicht erkennt. Gewiß erscheinen sie weniger ertragreich als Landstriche mit wogenden Kornfeldern; da sie vielleicht auch für den Tourismus gar nicht zugänglich oder attraktiv sind, hält man sie für verbesserungsbedürftig oder benutzt sie als Abladeplätze für den Zivilisationsmüll. Das trifft zu bei feuchten Landstrichen wie Sümpfen und dergleichen. Aber Wasserpflanzen, die Abbausalze wie Nitrate aufnehmen, und Phytoplankton, die Kleinstlebewesen, die charakteristisch für feuchte Landstriche sind, stellen die Lebensgrundlage für unzählige Fische und Vögel dar und gehören zu den produktivsten Arten der ökologischen Systeme. Die Küstengewässer sind der Laichplatz sehr vieler Fische und bilden die Grundlage der Ernährungskette für etwa 60 Prozent des gesamten Ertrags, den wir aus dem Meer gewinnen.

Für das zukünftige Wohlbefinden der Menschheit ist es lebenswichtig, daß Wildnis und Niederungen um jeden Preis erhalten bleiben. Das ist keine Frage von Säen und Ernten, da der genetische Vorrat ständig dem Druck der Umwelt ausgesetzt sein muß. Außerdem wissen wir heute noch nicht, welche Pflanzenarten in Zukunft einmal wertvoll sein könnten. Deshalb müssen wir nicht nur weite Gebiete mit natürlichem Wuchs bewahren, sondern müssen auch die Kenntnisse und Erfahrungen der Jäger und Sammler verwerten, die von und in der Wildnis leben.

Aus all diesen Gründen haben wir der UN-Konferenz für Umweltfragen in Stockholm 1972 empfohlen[11]:

1. Bestimmte Gebiete des tropischen Regenwalds, der tropischen Savannen und der arktischen Tundren müssen geschützt werden und in ihrem Bestand gesichert sein.

2. Die Jäger, Sammler und Bauern mit primitiven Anbaumethoden müssen einen Rechtsanspruch auf die Gebiete erhalten, in denen sie leben; sie dürfen keinerlei Druck ausgesetzt werden.

3. Durch behördliche Maßnahmen muß der Zutritt in diese Gebiete für jeden, der nicht ständig in ihnen lebt, sehr erschwert werden; ihre Bewohner sollen sich in ihnen ohne jede Einschränkung bewegen können.

4. Die Souveränität über diese Gebiete soll bei den Staaten bleiben, in denen sie liegen; diese sollen auch für die Überwachung ihrer Grenzen verantwortlich sein.

5. Für die Verwaltung dieser Gebiete sollen Beitragssummen von den Mitgliedsstaaten der UNO entsprechend ihres Bruttosozialprodukts erhoben werden.

6. Als Ergebnis der Stockholmer Umweltschutzkonferenz soll eine internationale Körperschaft eingesetzt werden, um ein Forschungsprogramm über ökologische Fragen zu überwachen; dessen Ergebnisse sollen allen teilnehmenden Staaten zugänglich gemacht werden.

Soziale Belange

Durch die Schaffung finanzieller Anreize und Abschreckungsmittel kann eine Prämie auf die Dauerhaftigkeit von Waren ausgesetzt werden, die kurze Nutzungsdauer benachteiligt und der Durchsatz von Materialien und Energie beschränkt werden. Dies schont die Rohstoffvorräte und reduziert die Freisetzung von Schadstoffen. Eine weitere bedeutende Möglichkeit, die Schadstofffreisetzung zu reduzieren und die natürlichen Vorgänge zu unterstützen, ist die Schaffung einer geeigneteren Sozialstruktur, unterstützt durch eine Gesetzgebung zur Abschaffung umweltschädlicher Einflüsse. Die sozialen Belange dürfen nicht nur der Maßstab für den Wert verschiedenartiger Entwicklungsprogramme sein, sondern sie müssen auch bestimmen, ob die Gesellschaft eine derartige Entwicklung verlangt oder nicht. Selbstverständlich bedürfen die gegenwärtig angewandten Methoden der Verbesserung etwa bei der Abschätzung der Projekte, die Vorrang erhalten sollen. Vorstellungskraft, Einfühlungsvermögen und sehr viel gesunder Menschenverstand sind notwendig, damit nicht armen Gebieten oder schwach besiedelten Landstrichen beispielsweise Kernkraftwerke, Stauseen, Autobahnen, Flughäfen aufgezwungen werden. Bei der Berechnung der sozialen Prioritätsraten in der Zukunft sollte eine recht niedrige Rate angesetzt werden; denn es ist leichter, etwas zu bauen, als es zu beseitigen. Wir dürfen voraussetzen, daß uns, wenn wir nicht exakt planen und statt dessen pfuschen, viele nachfolgende Generationen für die Vergeudung der Rohstoffe und die Zerstörung der Landschaft mit Sicherheit nicht danken werden.

Die sozialen Kosten jeder Entwicklung sollten von denen bezahlt werden, die sie vorschlagen oder ausführen, nach dem Motto »Der Verursacher muß seinen Schmutz bezahlen«. Der Zustand unseres Wirtschaftssystems darf nicht mehr an dem Durchsatz oder Materialumsatz gemessen werden; sein Zustand ist nach Art der Verteilung, nach Qualität und Vielfältigkeit zu beurteilen. Kenneth Boulding meinte hierzu[12]: »Der wirtschaftliche Erfolg wird gegenwärtig daran gemessen, welche Mengen die Werke aus unseren Rohmaterialvorräten verarbeiten und zu Produkten machen, die schließlich nur die Schadstoff- und Müllmengen erhöhen. Das Bruttosozialprodukt ist letzten Endes nur eine Maßzahl für den Durchsatz an Rohstoffreserven, die zu Müll werden.« Dieser Durchsatz vermindert tatsächlich dauernd unsere Vorräte und ist eher ein Übel als ein Gewinn. Deshalb hat Boulding vorgeschlagen, daß das Bruttosozialprodukt künftig als eine Maßzahl für die Bruttoaufwendungen gelten soll und daß wir unsere Bemühungen darauf richten müssen, es zu verkleinern und dafür die Qualität anzuheben.

»Wenn wir erst die Wirtschaft innerhalb dieses Raumschiffes Erde so verändert haben, daß die Menschheit sich im Gleichgewicht mit ihrer begrenzten Umwelt befindet«, schreibt Boulding, »so verliert der Begriff des Bruttosozialprodukts kurzerhand seinen Sinn. Wir haben uns dann mehr mit dem Begriff des vorhandenen Kapitals als mit dem des Flusses von Gewinn und Ausgaben zu beschäftigen. Technologische Veränderungen, die bewirken, daß das vorhandene Gesamtkapital bei geringem Durchsatz, das heißt geringerer Produktionsmenge und geringerem Verbrauch, erhalten bleibt, sind dann ein klarer Fortschritt.« Wir müssen schließlich zu der Einsicht kommen, daß unser Lebensstandard sich nicht nach dem Wert aller Entlüftungsanlagen berechnen läßt, die fabriziert und verkauft wurden, sondern nach der Reinheit der Luft. Nicht der Wert der Antibiotika, der Hormone, des Futters, der Grillgeräte und die Kosten für die Ablagerung der Abfälle, kurz alles, was heute den Preis der Hähnchen so in die Höhe treibt, ist entscheidend, sondern der Geschmack, der Nährwert und die Qualität der einzelnen Hähnchen stellen ihren Wert dar. Das heißt in anderen Worten, Wertberechnungen müssen sich auf reale Werte beziehen, nicht auf die Wertzahlen von Geldscheinen.

Es ist jedoch offensichtlich, daß sich in einer Gesellschaft, die weitgehend die langfristigen Wirkungen ihrer Handlungen ignoriert, ein starkes Gefälle zwischen den berechneten und den realen Kosten ergeben muß. Hierzu ein Beispiel: Eine Industriestadt, deren Einwohner und Fabriken die Luft und die Wassersysteme in ihrer Umgebung verschmutzen und die sich aus ständig wachsenden Monokulturen ernährt, besitzt weder eine Möglichkeit, die Ausgaben für ihren Lebensunterhalt tatsächlich abzumessen oder die Kosten gerecht zu verteilen, die ein Verschmutzer dem anderen verursacht, noch kann sie die entstehenden ökologischen Kosten berechnen, die teils durch die erste, teils aber auch von der zweiten, dritten und vierten nachfolgenden Generation bezahlt werden müssen – und außerdem von Menschen, die mit dieser Stadt überhaupt nichts zu tun haben. Ihre landwirtschaftlichen Anbaumethoden können billige Nahrungsmittel in genügender Menge für eine Generation liefern und die landwirtschaftlich-chemische Industrie fördern, gleichzeitig aber den Boden so auslaugen und das landwirtschaftliche Ökosystem so sehr aus dem Gleichgewicht bringen, daß die folgende Generation entweder Nahrungsmittel einführen oder zu noch riskanteren Maßnahmen greifen muß und dadurch die Nahrungsmittelversorgung für die Zukunft noch weiter gefährdet.

Die Abfallstoffe einer Generation können ebenso den Gesundheitszustand der nächsten schädigen wie deren Nahrung aus dem Meer, oder sie können die Mutationsrate künftiger Generationen so sehr erhöhen, daß sie ihnen eine unerwartete genetische Last aufbürden. Das Ausmaß, mit dem wir unsere Ökosysteme belasten und die natürlichen Kontrollen außer Kraft setzen, so daß technologische Hilfsmittel angewandt werden müssen, führt zu einem realen Schaden der Gesellschaft – so muß es auch betrachtet werden. Aber statt dessen rechnen wir lediglich die Ertragswerte unserer Bergwerke und Fabriken zusammen, ebenso die Kosten, die entstehen, wenn der produzierte Unrat beseitigt werden soll, und sind dann zufrieden mit der Feststellung, daß es uns niemals so gut gegangen ist.

Die vollen Kosten jeder Handlung, gleich wo, wie und wann sie entstehen, müssen immer von irgend jemand in voller Höhe getragen werden. Es ist deshalb unerläßlich, daß unser Wirtschaftssystem dafür ein Konto eröffnet. Wir geben jedoch zu, daß die ökologischen Prozesse so komplexer Natur sind und sich so weit nach Raum und Zeit erstrecken, daß diese Kontoführung außergewöhnlich erschwert ist. Dennoch müssen wir angesichts der Binsenweisheit, daß ein gutfunktionierendes Rechnungswesen das Sozialsystem, zu dem es gehört, unterstützt und unterhält, den Versuch unternehmen, es so zu gestalten, daß es der ökologischen Realität angepaßt ist und nicht dem anthropozentrischen Wunschtraum, daß wir mit der Spezies Mensch auch in Zukunft umgehen können, wie es uns behagt.

Da nach einer Definition von Barry Commoner die Wirtschaft die Wissenschaft von der Verteilung der Schätze aus unserer Umwelt darstellt, ist ein Wirtschaftssystem, das diese Umwelt zerstört, schon vom Prinzip her unsinnig. Im Idealfall sollte es keine Konflikte zwischen Ökologie und Wirtschaft geben. Die Ökologie sollte den Rahmen zum tieferen Verständnis der Zusammenhänge zwischen den Sozial- und den Umweltsystemen bieten. Die Wirtschaft sollte als Wissenschaft den Weg zur Nutzung dieser Wechselbeziehungen auf der Basis dieses Verständnisses weisen, so daß sich Handlungsweisen und Entscheidungen ergeben, die nicht zum Konflikt führen.

Ein wichtiges, langfristiges Ziel ist daher, eine Übereinstimmung zwischen Wirtschaft und Ökologie herzustellen. Die von uns vorgeschlagenen Maßnahmen tendieren in diese Richtung. Die in Zukunft notwendigen Schritte sind vor allem: Besteuerung von Rohstoffen, von Amortisation und von Energie; verbesserte Methoden zur Feststellung von Dringlichkeiten, Änderungsraten auf sozialem Gebiet und ihre Abstützung durch die Gesetzgebung; die Aufstellung von Standardwerten für die Beschaffenheit von Luft, Wasser und Kulturboden – sie können durch Gesetz erlassen werden und müssen im Einklang mit dem Gesamtprogramm stehen. Selbstverständlich könnten solche Maßnahmen nicht schlagartig durchgesetzt werden. Sie müßten stufenweise und mit großer Sorgfalt erfolgen, um unerträgliche soziale Belastungen zu vermeiden. Insgesamt würden sich starke soziale Auswirkungen ergeben. Die Maßnahmen versprechen aber nur Erfolg, wenn sie sehr geschickt aufeinander abgestimmt werden.

Stabilisierung der Bevölkerungszahl

Wir haben bereits dargelegt, daß eine Bevölkerung selbst bei geringster Wachstumsrate nicht unbegrenzt zunehmen kann. An einem bestimmten Punkt muß sie sich entweder aus eigenem Entschluß stabilisieren, oder aber das Wachstum wird durch »natürliche« Regelmechanismen wie

Hungersnöte, Epidemien, Kriege und ähnliches abgewürgt. Da alle diese Regelmechanismen immer als Katastrophe wirken, wird eine gesunde Gesellschaft sich für die Alternative der Stabilisierung entscheiden.

Die zwei Hauptvariablen, die durch die Bevölkerungszahl unmittelbar beeinflußt werden, sind:

1. das Ausmaß, bis zu welchem die emotionalen Bedürfnisse und die sozialen Ansprüche der Gesellschaft befriedigt werden können (auch als »Lebensqualität« bezeichnet), und

2. die Fähigkeit der Gesellschaft, sich selbst zu ernähren.

Unsere Bevölkerungszahl ist viel zu hoch, um wirklich alle sozialen und ökologischen Aufgaben optimal zu lösen. Beispielsweise wäre es aus vielen Gründen vorteilhaft, die Waldflächen in England wesentlich zu vergrößern. Dem steht entgegen, daß das dafür erforderliche Land für andere Zwecke, Landwirtschaft, Straßenbau, Neuansiedlungen, benötigt wird. So entspricht das Bevölkerungsoptimum der Zahl von Menschen, die wir ernähren können; sie ist allein abhängig von dem ökologischen Begriff der Ertragsfähigkeit des Bodens.

Diese Ertragskapazität wird gewöhnlich definiert als derjenige Bruchteil eingestrahlter Sonnenenergie, der pro Einheit der Landoberfläche über Nutzpflanzen zur Ernährung verfügbar ist. Diese Definition muß jedoch insoweit korrigiert werden, als wichtige Voraussetzungen gesunder Ernährung unberücksichtigt bleiben, wenn man die Ertragskapazität nur in Energieeinheiten berechnet. Es läßt sich zum Beispiel vorstellen, daß Land, das durch Mehrfelderwirtschaft genutzt wird, auf Dauer einer größeren Bevölkerung Lebensgrundlage sein könnte als dieselbe Landfläche bei der Nutzung zur höchstmöglichen Kalorienerzeugung in Monokulturen. Es ist bekannt, daß Proteine und andere Nährstoffe nicht weniger wichtig sind als Kalorien. Vieles weist darauf hin, daß die richtigen Komponenten der einzelnen Nährstoffe durch Fleisch freilebender Tiere besser geliefert werden als durch das von Zuchtvieh. Ein Mindestmaß an Verschiedenartigkeit der Nahrungsstoffe ist erforderlich und damit auch an Tier- und Pflanzenarten und Lebensräumen.

Da die Bevölkerungszahl Englands zum Beispiel die Ertragskapazität seiner Bodenfläche übertrifft, ist sie nur durch Einfuhren großer Mengen Nahrungsmittel existenzfähig, speziell von billigem Protein, das nötig ist, um Hühner und Schweine zu füttern. Während die Weltbevölkerung wächst und mit ihr die globale Nachfrage nach bebaubarem Land, wird es immer schwieriger werden, Länder mit exportierbaren Überschüssen zu finden. Die Importe werden in jedem Fall immer teurer werden. Wenn wir nicht eine noch größere Ungleichheit bei der Verteilung hinnehmen wollen, als sie heute bereits der Fall ist, muß England allmählich autark

werden. Eine nennenswerte Steigerung des Hektarertrags kann aber nicht
erzielt werden, so zeigt sich kein anderer Ausweg, als die Bevölkerungszahl zuerst zu reduzieren, bevor sie später stabilisiert werden kann. Alle
Anzeichen deuten darauf hin, daß der Boden der englischen Insel ohne
fremde Zuschüsse nicht mehr als die Hälfte der gegenwärtigen Bevölkerung ernähren kann. Daraus ergibt sich, daß man als Ziel für die nächsten
150 bis 200 Jahre eine Senkung der Bevölkerung auf 30 Millionen
anstreben muß. Es müßten noch weniger sein, wenn man auch Ertrags-
schwankungen wie Perioden von Mißernten berücksichtigt.
Nicht alle Länder sind in einer solch schwierigen Lage wie England.
Einige wenige werden ihre Bevölkerung auf oder nahe der gegenwärtigen
Höhe stabilisieren können. Wenn man aber die gesamte Erdbevölkerung
nimmt und den Pro-Kopf-und-Tag-Proteinverbrauch als Kennzahl der
Ertragskapazität zugrunde legt, scheint uns, daß die Optimalbevölkerung
der Welt die gegenwärtigen 3,5 Milliarden nicht überschreiten dürfte,
wahrscheinlich aber noch geringer ist.
Diese Zahl beruht auf drei Annahmen:
1. Der durchschnittliche Verbrauch an Protein beträgt pro Kopf und Tag
65 Gramm.
2. Der gegenwärtige landwirtschaftliche Ertrag pro Kopf kann unbeschränkt lange aufrechterhalten werden.
3. Es besteht eine absolut gleichmäßige Verteilung, und kein Land braucht
pro Kopf und Tag mehr Protein als ein anderes. Das ist, entsprechend den
herrschenden Zuständen, geradezu utopisch. Aber so utopisch diese
Annahmen auch immer sein mögen: wenn sie nicht realisiert werden, muß
die Bevölkerung der Erde entweder beträchtlich unter ihre optimale
Größe reduziert werden, oder wir haben noch weit größere und
ungerechtere Ungleichheiten in Kauf zu nehmen als die, die wir in unseren
Industriestaaten gegenwärtig begünstigen.
Zwar wachsen Bevölkerungen nicht unbeschränkt, können sich aber doch
über kürzere Zeit über dem optimalen Stand halten. Die Tatsache, daß die
Erdbevölkerung heute wahrscheinlich schon höher als das ökologische
Optimum ist, bedeutet, daß andere Größen nicht optimal gehalten werden
können. Das heißt: Die meisten Menschen erhalten zwar gerade das
Minimum an Kalorien, das zum Überleben nötig ist, ein großer Teil der
Menschheit aber muß die notwendigen Nährstoffe, besonders Proteine,
die für die intellektuelle Entwicklung notwendig sind, entbehren. Die
Menschen leben zwar, sind aber durch Unterernährung schwer behindert,
ihre vollen Fähigkeiten zu entwickeln – und dies ist eine sträfliche
Vergeudung menschlicher Gaben.
Eine optimale Bevölkerungszahl wird deshalb als diejenige Bevölkerungs-

größe definiert, die sich unbeschränkt lange aufrechterhalten läßt und
gleichzeitig auf einer Stufe lebt, auf der alle Werte jedes einzelnen optimal
sind. Daß die Erdbevölkerung bereits über dieser optimalen Höhe liegt, ist
kein Grund zur Verzweiflung, sondern eher Anlaß, mit Nachdruck das
langfristige Ziel einer optimalen Höhe anzustreben. Bei der Dynamik des
Bevölkerungszuwachses würden die Zahlen auch dann weiterhin stark
steigen, wenn schon heute alle Nationen eine Stabilisierung ihrer
Bevölkerung durchführten. So hat man ausgerechnet, daß selbst dann,
wenn für jeden lebenden Menschen nur ein Kind als »Ersatz« geboren
würde und die Zweikinderfamilie auf der ganzen Welt bis Ende dieses
Jahrhunderts eingeführt werden könnte – ein sehr unwahrscheinliches
Ereignis –, die Weltbevölkerung um 60 Prozent, also auf 5,8 Milliarden
ansteigen würde. Wegen der bestehenden Altersstruktur wird sie nicht
aufhören zuzunehmen und bis Ende des nächsten Jahrhunderts ungefähr
8,2 Milliarden betragen. Das sind etwa 225 Prozent der gegenwärtigen
Größe. Wenn das Gleichgewicht zwischen Geburten- und Sterberaten in
den Industrienationen im Jahr 2000 und in den unterentwickelten
Gebieten im Jahr 2040 erreicht werden sollte, würde die Weltbevölkerung
auf der Höhe von fast 15,5 Milliarden im darauffolgenden Jahrhundert
konstant bleiben, das heißt sie würde dann mehr als das Vierfache von
heute betragen. Es ist also offensichtlich, daß wir alle auf das »unwahr-
scheinliche Ereignis« hinarbeiten müssen: auf die reduzierte Familie
(durchschnittlich zwei Kinder pro Ehepaar) auf der ganzen Welt bis Ende
dieses Jahrhunderts, wenn unsere Kinder nicht die Katastrophe erleiden
sollen, die wir zu vermeiden suchen.
Wir müssen das Bevölkerungswachstum durch Anpassung der Geburtenrate an die Sterberate beenden. Einige wenige Länder werden dann in der
Lage sein, ihre Bevölkerungszahl zu stabilisieren. Die meisten werden
jedoch ihre Bevölkerungszahlen langsam, aber gezielt senken müssen, bis
zu einer Stufe, auf der Stabilisierung vernünftig erscheint. Dies scheint, so
einfach ausgedrückt, kurzerhand unmöglich. Sicherlich sind die Schwierigkeiten enorm, aber überwindbar. Wenn wir jetzt beginnen und eine
genügend lange Zeitspanne durchhalten, können wir es schaffen.
Zuerst müssen die Regierungen die Notwendigkeit einsehen und sich offen
für die Beendigung des Bevölkerungswachstums aussprechen und auch
Einwanderungen unterbinden. Dann muß ein »nationaler Bevölkerungs-
dienst« mit einer vierfachen Aufgabe ins Leben gerufen werden:
1. Nachhaltige und intensive Verbreitung der Kenntnisse über die
gegenseitige Abhängigkeit von Bevölkerungszahl, Lebensmittelangebot,
Lebensqualität, Rohstoffverbrauch und der Notwendigkeit, daß jede
Familie nur noch zwei Kinder zeugt. Die besten Werbefachleute sollten

dafür eingesetzt werden. Sie müßten auch auf eine größere soziale Verantwortung der Öffentlichkeit in der Kindererziehung hinarbeiten. Zum Beispiel sollte die Ansicht bekämpft werden, die man etwa in vielen Frauenzeitschriften findet, daß kinderlose Paare zu bemitleiden seien.

2. Kostenfreie Beratung über Empfängnisverhütung, Sterilisation und Abtreibung auf nationaler und lokaler Ebene.

3. Aufbau eines umfassenden Familiendienstes zur freien Verteilung von Verhütungsmitteln, kostenlosen Sterilisation und Schwangerschaftsunterbrechung auf Wunsch.

4. Vergabe, Finanzierung und Koordination von Forschungsaufträgen über bevölkerungstechnische Maßnahmen und Empfängnisverhütung, aber auch über die sehr subtilen Kontrollen, die zur Aufrechterhaltung der Stabilität notwendig sein sollten. Wir wissen noch viel zuwenig über die Dynamik einer Bevölkerung, um entscheiden zu können, ob diese drei Maßnahmen ausreichen werden. Wenn sich Paare einfach viele Kinder wünschen, nützen auch kostenlose Verhütungsmittel nichts.

Aber aufgrund unseres beschränkten Wissens über die Wirkung bevölkerungspolitischer Maßnahmen ist es unmöglich, sozio-ökonomische Beschränkungen vorzuschlagen, die auf den ersten Blick wirkungsvoller wären, aber nach Ansicht vieler Menschen auch übermäßig repressiv sind. Deshalb möchten wir uns zunächst für etwa zwei Jahrzehnte auf die vorgeschlagenen drei Empfehlungen beschränken. Sollten sie sich als ungenügend erweisen, so besteht die Hoffnung, daß zwischenzeitlich die Forschung eine Auswahl von wirksamen und humanen, sozio-ökonomischen Beschränkungsmaßnahmen anzubieten hat.

Dies wäre dann der dritte Schritt zur Stabilisierung und würde gleichzeitig den vierten vorbereiten: öffentlich durchzusetzen, daß die durchschnittliche Familiengröße etwas unter der normalen Ersatzgröße zu halten ist, so daß die Gesamtbevölkerung wesentlich reduziert werden kann. Wenn man eine Abnahmerate von 0,5 Prozent im Jahr erreicht – soviel wie die heutige Zuwachsrate in England beträgt –, ergäbe sich keine Unausgeglichenheit der Bevölkerungsstruktur, denn das Verhältnis der Fürsorgebedürftigen wäre genau dasselbe wie im heutigen England. Nur die Art des abhängigen Bevölkerungsteils wäre anders: statt daß mehr Kinder unterstützt werden müßten, wären es mehr alte Leute.

Schaffung eines neuen Sozialsystems

Dezentralisierung ist die radikalste Maßnahme, die wir zur Schaffung eines neuen Sozialsystems vorzuschlagen haben. Wir machen dies nicht, weil wir als Engländer dem alten England mit seinen Gespenstern, Spinnengewebeschlössern und dem endlosen Streiten über die Gartenzäune nachweinen, sondern aus vier wesentlichen Gründen:

1. Es gibt zwar viele Anzeichen dafür, daß die menschliche Gesellschaft über lange Zeiträume recht glücklich unter stabilen Bedingungen existieren könnte, aber auch keine Zweifel, daß die lange Übergangsperiode, die wir und unsere Kinder durchzustehen haben, unseren moralischen Mut schwer belasten wird und große Einschränkungen erfordert. Die Gesetzgebung, die Regierungspolitik und die Rechtsprechung müssen diese Haltung unterstützen. Wir sind aber der Ansicht, daß derartige äußere Einwirkungen niemals denselben Effekt haben wie entsprechende innere Antriebe. Es wäre deshalb sehr empfehlenswert, Sozialzustände zu schaffen, bei denen öffentliche Meinung und öffentliche Teilnahme an Beschlußfassungen soweit wie irgend möglich die Regulatoren der Gesellschaft darstellen. Das ist um so weniger möglich, je größer eine Gemeinschaft ist. In einer heterogenen, zentralisierten Gesellschaft wie der unseren müßten die Beschränkungen, die eine wirksame Stabilisierung mit sich bringen würden, weit außerhalb des persönlichen Erfahrungsbereiches liegen und aufgezwängt erscheinen. Aber in Gemeinschaften, die klein genug sind, lassen sich die alle betreffenden Belange von Individuen vertreten, die selbstbewußt ihre Mitmenschen als Individuen betrachten. Es würde dann nicht so leicht Situationen geben, in denen zwischen »uns« und den »anderen« unterschieden wird. Menschen, welche die Grenzen einer stabilen Gesellschaft erkannt haben, würden die Freiheit und Möglichkeit besitzen, ihr Leben in den gesetzten Grenzen frei nach eigenem Wunsch zu führen. Sie würden daher die Beschränkungen, die eine stabile Gesellschaft auferlegt, als notwendig und auch als wünschenswert anerkennen und nicht als eine Last, die ihnen willkürlich von einer unangenehmen und weit außerhalb ihres Gesichtskreises stehenden Verwaltung diktiert ist.

2. Wenn die Landwirtschaft immer mehr integrierenden Faktoren unterworfen und immer artenreicher gestaltet wird, entfällt das Ziel prärieartig eintöniger Massenkulturen und Pflanzenwachstumsfabriken. Kleinere Farmen unter der Leitung von Arbeitsgruppen mit Spezialkenntnissen in Ökologie, Entomologie und Botanik werden die Regel sein. Individuell angelegte kleinere Landwirtschaften könnten außerordentlich produktive Hersteller von Eiern, Früchten und Gemüsen für ihre benachbarten Gebiete sein. Eine abwechslungsreiche Mischung kleinerer städtischer und ländlicher Siedlungsgebiete wäre dann möglich und zur Reduzierung der Transportkosten des wieder aufzubereitenden Mülls höchst wünschenswert. In Industrie wie in Landwirtschaft ist die

Aufrechterhaltung direkter Wechselbeziehungen zwischen Angebot und Nachfrage dringend erforderlich, um Abfall, Überproduktion und die Produktion von Gütern, welche die Gesellschaft nicht unmittelbar braucht, zu vermeiden; so kann der unnötige Zeit-, Energie- und Geldaufwand gespart werden, der sich aus dem einsuggerierten Bedarf an diesen Gütern ergibt. Wenn die Industrie ein integrierter Teil der Gesellschaft wird, so werden Produktverbesserungen sehr viel wahrscheinlicher, da die Menschen eindeutig qualitative Verbesserungen wünschen und nicht etwa deshalb kaufen, weil die Expansion angeblich lebensnotwendig für die Industrie ist oder sonst nicht genug Absatz für weitere Forschung und Entwicklung besteht. Heutzutage werden Männer, Frauen und Kinder nur mehr als Verbraucher betrachtet. Industrien nehmen durch Zentralisation nationalen statt lokalen Charakter an, dann internationalen statt nationalen. Während ganze Gemeinschaften durch die zur Verfügung gestellten Arbeitsplätze von ihnen abhängig werden, stellen sie sich in jeder Hinsicht außerhalb dieser Gemeinschaften. Hierauf ist vor allem die Alternative »Arbeitsplätze oder Natur« zurückzuführen, während tatsächlich die Menschen zweifellos Arbeitsplätze und Natur wünschen und in einer gerechten und humanen Gesellschaft nicht gezwungen sein sollten, zwischen dieser angeblichen Alternative zu wählen. Dezentralisierte Industrien in kleineren Gemeinschaften sind von deren jeweiligen Bedürfnissen abhängig – nicht umgekehrt – und haben dann keinerlei Möglichkeiten mehr, solche sozialen Zwänge auszuüben.

3. Die kleine Gemeinschaft stellt nicht nur die einzige Organisationsform dar, in welcher interne und systemkonforme Kontrollmaßnahmen die größte Wirkung versprechen, sondern bietet auch dem einzelnen Anregungen zu seiner Entfaltung und zu seinem Wohlbefinden. Wahrscheinlich kann sich der einzelne Mensch nur in der kleinen Gemeinschaft als Individuum entfalten. In den heutigen großen Ballungszentren ist er eine isolierte Größe – nicht von ungefähr sind die abnehmende Autonomie der Gemeinden und die verstärkte Zentralisation der Verwaltung und Autorität in undurchsichtigen Bürokratien mit der Zunahme eines überbetonten Individualismus verbunden, eines Individualismus, der sich offensichtlich bedroht fühlt, wenn er sich nicht dauernd demonstriert. Offensichtlich bestehen hier Wechselwirkungen. Es ist auch bezeichnend, daß dieser Über-Individualismus zu Verhaltensformen tendiert, die trennend wirken; die Anhäufung materieller Güter wie Kraftwagen und Fernsehempfänger sondert eher die einzelnen voneinander ab, als daß es sie zusammenbringt. In kleinen sich selbst regulierenden Gemeinschaften gibt es aber nach den anthropologischen Forschungsergebnissen gerade keine Betonung des Individualismus, bestimmte individuelle Ziele müssen

oft zugunsten des Gemeinwohls zurückgesteckt oder unterdrückt werden; dennoch beherrscht keiner den anderen als abhängiges Individuum; jeder genießt größere Handlungsfreiheit als wir heute. Gleichzeitig genießt das Mitglied einer kleinen Gemeinschaft die Wohltat, Menschen zu kennen und von anderen persönlich gekannt zu werden, die Intensität der menschlichen Beziehungen mit wenigen, statt der Vielfalt der unzähligen künstlichen und meist individuell bedeutungslosen Beziehungen, zu denen der Großstadtmensch gezwungen ist. Diese wiedererstandene persönliche Individualität sollte weitgehend für den fallenden materiellen Verbrauch entschädigen, der unvermeidlich ist, wenn das Gewicht auf den Bestand der Gesellschaft gelegt wird und so die Rohstoffvorräte bewahrt und die Umweltverschmutzung auf ein Mindestmaß reduziert werden. Diese Zielsetzung braucht zwar nicht den realen Lebensstandard, muß aber den Umsatz materieller Güter entscheidend vermindern. Sie werden dadurch teurer. Wenn sie aber einmal bezahlt sind, brauchen sie lange nicht mehr ersetzt zu werden. Die rasche Ansammlung materieller Güter ist dann nicht mehr möglich und auch kein gesellschaftlich geduldetes Ziel mehr. Andere Möglichkeiten zur Befriedigung von Wünschen müssen noch gefunden werden.

Wir glauben, daß diese weitgehend in den gesellschaftlichen Wechselwirkungen und Verantwortlichkeiten in kleineren Gemeinschaften bestehen könnten, aber nur dann, wenn die Größe dieser Gemeinschaften den menschlichen Möglichkeiten entspricht.

4. Das vierte Argument zugunsten der Dezentralisation ist die Tatsache, daß eine auf kleinere Städte und Dorfgemeinschaften aufgeteilte Bevölkerung die geringste Belastung der Umwelt darstellt. Der technologische Aufwand pro Einwohner in den Städten steigt rapide, sobald eine bestimmte kritische Größe der Stadt überschritten wird. Zum Beispiel sind die Kosten pro Kopf für Wohnungen in Hochhäusern bedeutend höher als die in Häusern normaler Größe. Die Ausgaben für Straßen und andere Verkehrseinrichtungen steigen rapide mit der Zahl der Benutzer. Gleichzeitig steigen die Pro-Kopf-Kosten für andere Einrichtungen und Leistungen, etwa die Verteilung von Nahrungsmitteln und die Müllbeseitigung. Wenn alle Menschen in Dörfern leben würden, entstünden geringe Kosten für die Abwasserreinigung, während sie in Großstadtgebieten erheblich sind, entsprechend der Schadstoffkonzentration der Abwässer. Ganz allgemein kann nur durch eine Dezentralisierung das Wohlbefinden des einzelnen erhöht werden – das ist aber von entscheidender Bedeutung, wenn wir die Lasten verringern wollen, die unsere Sozialsysteme den Ökosystemen aufbürden, die sie lebensfähig erhalten.

Wenn wir auch die Vorteile kleiner, sich so weit wie irgend möglich selbst

verwaltender Gemeinschaften betonen, wollen wir ausdrücklich nicht, daß
diese kleinkariert und einseitig ausgerichtet sein und sich vom übrigen Teil
der Welt absondern sollten. Die Grunderkenntnisse der Ökologie,
besonders die gegenseitige Abhängigkeit der einzelnen Faktoren bei
ökologischen Prozessen, müßten bei der Verwaltung der kleineren Gemeinschaften berücksichtigt werden. Deshalb müßte ein reger Wissens-
und Gedankenaustausch zwischen den verschiedenen Gemeinschaften
bestehen. Es müßte sichergestellt werden, daß kommunale Handlungen,
die regionale Wirkungen haben, auch auf regionaler Ebene diskutiert
werden und überregionale Auswirkungen entsprechend auf globaler Basis.
Wir haben keine bestimmten Ansichten und Vorschläge über die Größe
der vorgeschlagenen Gemeinschaften. In Frage kämen zum Beispiel
Nachbarschaften aus etwa 500 Menschen, die von Gemeinden mit
insgesamt 5000 Einwohnern repräsentiert werden, um wieder zu Regionen
mit 500 000 Menschen zusammengefaßt zu werden, von denen eine Anzahl
eine nationale Vertretung auf globaler Ebene wie heute besitzt. Unser Ziel
müßte es sein, ein Zusammengehörigkeitsgefühl auf kommunaler Ebene
mit weltweiter Verantwortlichkeit zu schaffen, eine Haltung, die sicherlich
sehr viel günstiger als der gefährlich sterile Verwaltungskodex wirken
würde, der Nationalismus genannt wird.
In den meisten Industrieländern ist das Gemeinschaftsgefühl weitgehend
zerstört und ersetzt durch heterogene Massen sich fremder Menschen.
Dort wird die Schaffung kleinerer Gemeinschaften große Schwierigkeiten
bereiten. In vielen unterentwickelten Gebieten besteht die Chance, daß der
gerade einsetzende Prozeß des Zerfalls der gewachsenen Gemeinschaften
und der Flucht in die Städte, wenn auch unter Schwierigkeiten,
aufgehalten werden kann, in erster Linie durch Verzicht auf großangelegte
Industrieprojekte zugunsten der Entwicklung kleinerer Industrien auf der
Basis der Dorfgemeinschaften sowie durch Bereitstellung von Beratungs-
teams mit landwirtschaftlich ökologischer Schulung, so daß die Gemeinden instand gesetzt werden, ihren Boden besser zu bebauen, und die
Landwirte nicht zu gefährlichen und teuren Anbaumethoden angereizt
werden, für die man Unmengen von Schädlingsbekämpfungsmittel und
Kunstdünger benötigt, die gleichzeitig die Zahl der auf dem Land tätigen
Menschen künstlich herabdrücken.
Unsere Ausführungen über Steuern, eine Gesetzgebung zur Abschaffung
umweltschädlicher Einflüsse und zur Erzwingung bestimmter Qualitätsnormen für Luft, Wasser und Boden könnten zur Annahme führen, wir
wünschten den Zusammenbruch unserer Industrie, Arbeitslosigkeit und
den Verlust unserer Exportmärkte. Wir betonen deshalb, daß wir das alles
mit Nachdruck vermeiden wollen und auch nicht der Ansicht sind, daß es

die unvermeidliche Folge der Realisierung unserer Vorschläge wäre. Es ist selbstverständlich, daß wir exportieren müssen, solange wir noch weitgehend für unsere Ernährung auf Importe angewiesen sind. Sehr wahrscheinlich brauchen wir noch Nahrungsmittelimporte während der nächsten 150 Jahre. Damit stellt sich die Frage, ob es überhaupt möglich ist, dezentralisierte Industrien auf Kommunalebene zu entwickeln, die nach dem Prinzip höchstmöglicher Wiederverwendung von Materialien und größter Haltbarkeit der Waren arbeiten, und gleichzeitig aber einen angemessenen Anteil für den Export zu erwirtschaften.

Unsere Antwort lautet ja, sofern der Übergang in zwei Phasen durchgeführt wird. In der ersten muß die Richtung des Wachstums so geändert werden, daß es mit dem Ziel einer stabilen Gesellschaft besser in Einklang steht. Wir haben bereits betont, daß der Industriezweig zur Wiederverwendung von Altmaterialien entscheidend ausgebaut wird. Die Industrie wird das auch tun, wenn im Laufe der Jahre steuerliche Maßnahmen und Qualitätsnormen sie dazu zwingen. Wie die Entwicklungsrichtung geändert werden kann, läßt sich am Beispiel des Transports anschaulich darstellen.

Gegenwärtig gibt es in Großbritannien mehr als zwölf Millionen Personenkraftwagen. Nach Schätzungen der Automobilklubs sollen es 1981 bereits 21 Millionen sein. Etwa die Hälfte aller Familien besitzt bereits einen Wagen; man erwartet, daß die Zahl der Fahrzeuge so steigt, daß schließlich jeder eines hat – und viele Familien mehr als eines. Nun besitzen wir genug Erfahrung über die Verkehrsprobleme in unseren Städten, über den Raubbau an der Landschaft und über den Tod ganzer Gemeindebezirke durch Ringstraßen, Verteiler und Autobahnen, um genau zu wissen, daß der Kraftwagen nicht das beste Mittel zur Demokratisierung des Verkehrs ist. Wenn jede Familie einen Wagen besäße, stünden wir vor der Entscheidung, ob wir unsere Landstriche in einem Zustand belassen sollten, der keinen Anreiz bietet, überhaupt hinzufahren – und es damit den Autofahrern fast unmöglich machen, es tatsächlich auch zu tun, oder ob wir ihnen die zunehmenden Ausgaben für immer weitere Betonflächen aufbürden, die notwendig sind, um ein Verkehrschaos zu verhindern, und die immer weitere Gebiete steril unter sich begraben.

Niemand kann guten Gewissens empfehlen, die bestehende Straßenfläche noch innerhalb dieses Jahrzehnts zu verdoppeln, nur um die gegenwärtige Situation einigermaßen aufrechterhalten zu können. Deshalb muß nach vernünftigen Alternativen gesucht werden. Die einzige Alternative bieten die öffentlichen Verkehrsmittel, eine Kombination von Massenverkehrsfahrzeugen auf Schiene und Straße. Besonders der Schienenverkehr hätte niemals so vernachlässigt werden dürfen, wie es tatsächlich der Fall ist.

Der Energiebedarf für den Straßentransport einer Last ist fünf- bis sechsmal so hoch wie auf der Schiene, entsprechend ist auch die Schadstofffreisetzung. Material und Energiebedarf zum Bau eines Schienenweges sind drei- bis viermal geringer als der zum Bau einer Fahrstraße, der Bodenbedarf ist nur ein Viertel so hoch. Der Pro-Kopf-Bedarf an Materialien und Energie beim Transport mit öffentlichen Verkehrsmitteln ist sehr viel geringer als bei jeder Art von Privatverkehr. Das öffentliche Verkehrssystem könnte ebenso flexibel sein, wenn es auf Kosten des Privatverkehrs entsprechend gefördert würde.

Zur Schaffung eines gesunden Verkehrssystems muß zuerst dafür gesorgt werden, daß die endlose Spirale aus Verkehrsstauungen, die den Busverkehr behindert, zum Verlust von Passagieren und zu Fahrpreiserhöhungen führt, dadurch zu weiterem Verlust an Passagieren und zur Benutzung von noch mehr Privatfahrzeugen und zu noch stärkeren Verkehrsstauungen, sich nicht weiterdreht. Eine vorzügliche Maßnahme hierzu wären der Verzicht auf den Bau weiterer Straßen und die Zuführung der freiwerdenden Mittel an das öffentliche Verkehrswesen. Die Menschen, die im Straßenbau eingesetzt werden, könnten beispielsweise trockengelegtes Land bearbeiten sowie Schienenwege und Kanäle wiederherstellen und ausbauen. Dann könnten progressive Belastungen des Privatverkehrs und eine entsprechende Förderung öffentlicher Transportmittel im Lauf der Zeit ein rasches, flexibles und wirkungsvoll funktionierendes System gewährleisten. Der Produktionsrückgang in der Kraftfahrzeugindustrie würde durch zunehmende Produktion öffentlicher Verkehrsanlagen weitgehend ausgeglichen. Es käme zum Übergang von Kapital und Arbeitskraft auf die Eisenbahnen, die neu entwickelt würden. Auf lange Sicht jedoch wird eine allgemeine Dezentralisierung einen verminderten Bedarf an Mobilität bringen.

Nach Stephen Boyden[13] werden die Autos aus vier Gründen benutzt: um zur Arbeit zu gehen, um aufs Land zu fahren, um Freunde zu besuchen und um anzugeben. In einer stabilen Gesellschaft besitzt jedoch jede Gemeinschaft ihre eigenen Arbeitsplätze, das Erholungsgebiet liegt direkt um sie herum, die meisten Freunde und Verwandten leben ebenfalls in der Gemeinschaft, und es gibt bessere und zuverlässigere Möglichkeiten, seinen Wert zu beweisen, als durch die Automarke.

Das führt uns zur zweiten Phase des Übergangs, in der die Industrie zur Entwicklung, Herstellung und Anwendung technischer Verfahren übergeht, die den Material- und Energieverbrauch herabsetzen, flexibel sind, möglichst keine Schadstoffe freisetzen, dauerhafte Güter schaffen, beschäftigungsintensiv sind und die handwerkliche Fähigkeit fördern. Der Fortschritt, wie er heute verstanden wird, ist im Grund die Erhöhung des bereits sehr hohen Verhältnisses von Kapital zum Arbeitsplatz. Wird dieses Verhältnis reduziert, dann steigt der Bedarf an menschlicher Arbeitsleistung, während gleichzeitig die Umweltverschmutzung, eine unvermeidbare Begleiterscheinung des Kapitalwachstums, zurückgeht. Die Umwandlung des Wertmaßstabs von Quantität in Qualität erhöht nicht nur den Bedarf an menschlicher Arbeitsleistung, sondern sichert ihn auch und gibt dem einzelnen größere Befriedigung. Statt die Menschen als Systemeinheiten zur Produktion immer größerer Mengen zu nutzen, sollten sie Anregung und Gelegenheit erhalten, die Qualität ihrer Arbeit zu verbessern. Entscheidend wären Dauerhaftigkeit und Qualität der Produkte. Eine derartige Bevorzugung der Qualität sollte uns dann aber genug Exportüberschüsse zum Einkauf von Nahrungsmitteln sichern, während wir gleichzeitig unsere Leistungskraft befriedigenderen Beschäftigungen widmen. Industriezweige wie etwa die Luftfahrtindustrie, deren Bedeutung in einer stabilen Gesellschaft relativ gering wäre, könnten mit ihrem Reichtum an konstruktiven Fähigkeiten für Spezialentwicklungen eingesetzt werden, um die Energiebedürfnisse einer dezentralisierten Gesellschaft bei geringster Umweltbelastung zu befriedigen.

Die Industrie kann ihrer neuen Rolle nur in vollständiger Harmonie mit den jeweiligen Gemeinschaften gerecht werden. Die verschiedenartige Betrachtungsweise der einzelnen Menschen als Arbeitskräfte einerseits und Nachbarn und Mitmenschen andererseits entfällt damit; Arbeitsplätze werden bereitgestellt, weil es die Stabilität der Gemeinschaft erfordert, daß die Menschen Arbeit haben, nicht weil eine Menschengruppe von der Arbeit einer anderen profitieren will. Die neuen Gemeinschaften werden als Folge einer Kombination industrieller Veränderungen und des Wunsches nach einer gesellschaftlichen Umgruppierung geschaffen.

Hauptziel dieser Bemühungen werden wahrscheinlich eine Umverteilung der Regierungsvollmachten und die allmähliche Schaffung eines Gemeinschaftsbewußtseins und anderer für eine stabile Gesellschaft wichtiger Wertvorstellungen sein. Deshalb sollten über eine bestimmte Zeitspanne lokale Regierungsinstitutionen gestärkt und ihnen von den Zentralregierungen so viele Vollmachten wie irgend möglich übertragen werden. Diese Umverteilung der Gewalten müßte nach dem Prinzip erfolgen, daß alle Probleme, die nur eine Nachbarschaft betreffen, auch von dieser selbst gelöst werden sollten, Gemeindeprobleme von den Gemeinden, Regionalprobleme von den Regionen. Wenn diese kleineren und größeren Gemeinschaften ihre Angelegenheiten selbst erledigen, kann sich ein Gemeinschaftssinn leichter entwickeln, obwohl auch wir nicht annehmen, daß dies ohne Schwierigkeiten geschehen wird.

Regionen, in denen noch eine relativ gesunde Mischung von städtischen und ländlichen Siedlungen existiert, werden auch eine relativ störungsfreie Übergangsperiode erleben. In typischen Großstadtgebieten wie London wird das sehr viel schwieriger sein. Dennoch, selbst in riesigen Weltstädten wie etwa London existieren Reststrukturen der früheren Einzelgemeinden wie etwa Putney, Highgate oder Hackney. Derartige Kommunalstrukturen können den Entwicklungskeim künftiger kleinerer Gemeinschaften darstellen, die sich von den Wüsteneien des Handels und der Reklame des Londoner Zentrums abspalten können, beispielsweise Oxford Street, Regent Street und Piccadilly.

Selbstverständlich werden legislative, administrative und kommerzielle Maßnahmen nicht zur Schaffung stabiler Gemeinschaften ausreichen, wenn die einzelnen, die sie bilden sollen, darauf noch nicht vorbereitet sind. Sobald man sich über die Werte einer stabilen Gesellschaft einig geworden ist, sollte man sie in unser Erziehungssystem aufnehmen. Es könnte sein, daß die Vorstellung einer stabilen Gesellschaft erst dann praktisch verwirklicht werden kann, wenn die Generation der dann 40- bis 50jährigen diese Werte aus ihrer eigenen Erziehung kennt und sie für wünschenswert erachtet.

Synchronisation der Maßnahmen

Es ist ein wesentliches Merkmal dieser Strategie, daß sie keinen Erfolg verspricht, wenn die einzelnen Maßnahmen nicht exakt miteinander synchronisiert werden. Wir können nicht annehmen, daß irgendein Teil unserer gesamten Vorschläge für sich allein akzeptabel ist. Wir stellen daher gleich den integrierten Gesamtplan vor und beschäftigen uns später mit Detailfragen. Dieser Abschnitt zeigt als Skizze, wie die einzelnen Veränderungen aufeinander abgestimmt sein könnten. Es ist ein sehr vereinfachter Gesamtplan, der unserer Ansicht nach aber doch eine Grundvorstellung davon gibt, wie Veränderungen auf einem Sektor Wandlungen auf einem anderen begünstigen.

Die schematische Skizze enthält folgende mit Buchstaben bezeichnete Einzelmaßnahmen:

a Einrichtung eines nationalen Bevölkerungshilfsdienstes.

b Besteuerung der Rohstoffreserven, der Amortisation und des Energieverbrauchs; Gesetzgebung zur Abschaffung umweltschädlicher Ein-

Abb. 3: Zeitschema der integrierten Maßnahmen.

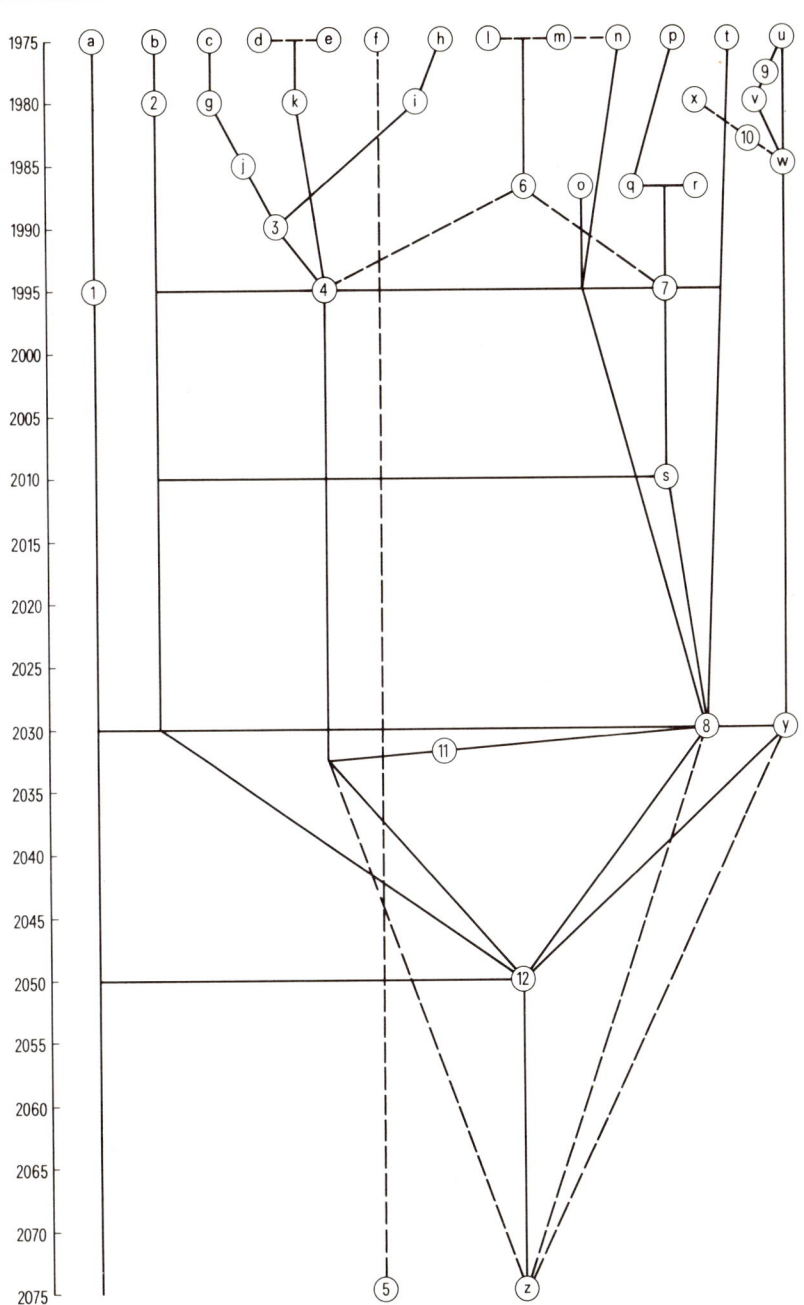

flüsse; Qualitätsnormen für Luft, Wasser und Boden; Beihilfen zur Wiederverwendung von Abfallstoffen; Nachprüfung der Berechnung sozialer Kosten.

c Die Industrieländer beenden den Gebrauch beständiger Pestizide und unterstützen gleichartige Bestrebungen in unterentwickelten Gebieten.

d Ende jeglicher Förderung beim Gebrauch anorganischer Düngemittel.

e Beihilfen für die Anwendung organischen Düngers und für die Abschaffung von Monokulturen.

f Aufstellung eines Not-Ernährungsplanes für die unterentwickelten Gebiete.

g Allmählicher Ersatz der beständigen durch unbeständige Pestizide.

h Aufnahme eines Forschungsprogramms für integrierte Kontrollmaßnahmen.

i Aufnahme eines Schulungsprogramms für integrierte Kontrollmaßnahmen.

j Ersatz der chemischen Hilfsmittel durch integrierte Kontrollmaßnahmen.

k Allmähliche Einführung von Fruchtfolgen in der Landwirtschaft.

l Stopp des Straßenbaus.

m Räumung von Brachland und Schuttflächen und Beginn eines Programms zur Landerneuerung.

n Beschränkung für den Privatverkehr und Unterstützung der öffentlichen Verkehrsmittel.

o Entwicklung rascher Massentransportmittel.

p Forschungsprogramm für Ersatzmaterialien.

q Entwicklung neuartiger Technologien.

r Dezentralisierung der Industrie: erste Stufe (Umstellung).

s Dezentralisierung der Industrie: zweite Stufe (Entwicklung lokaler Industrieformen).

t Neuordnung der Regierungsvollmachten.

u Forschungsprogramm über Erziehungsfragen.

v Ausbildung von Lehrern.

w Erziehung.

x Versuchsgründungen von Kleingemeinden.

y Wiederzuführung von Abwässern in den Boden.

z Zeitplan für ein Netz sich selbst erhaltender und verwaltender Kleingemeinden.

Bedeutung der Zahlen:

1 Sollte bis 1980 voll wirksam werden; Überprüfung der Tätigkeit etwa 1995, wenn das Erreichen der Erhaltungsrate bis 2000 unwahrscheinlich ist; Einführung sozialer und ökonomischer Belastungen für

Kinderreichtum; in England sollte die Bevölkerungszahl ab etwa 2015 zu fallen beginnen, weltweit etwa ab 2100.

2 Einführung schrittweise; Zeitvorgabe bis 1980, um Schwierigkeiten zu verhindern, dann Verschärfung der Beschränkungen jeweils nach 5 Jahren; nach 1980 müßte die Selbstregelung des Umwandlungsprozesses erkennbar werden; Förderung energie- und materialsparender Maßnahmen und arbeitsintensiver Industriezweige; Dezentralisierung und Lenkung der Entwicklung in Richtung auf p, q, r und s.

3 Maßvoller Ersatz durch integrierte Kontrollen kann rasch einsetzen, in großem Ausmaß hängt dies jedoch von h ab; die Maßnahmen h, i und j laufen gleichzeitig und werden als eine Linie dargestellt; das gilt auch über eine gewisse Zeitspanne für g.

4 Anbauverfahren mit reichhaltigen Pflanzenarten (k) und integrierte Kontrolle (j) ergänzen sich in Landwirtschaften, die zum Unterhalt kleiner, sich selbst verwaltender Gemeinschaften am besten geeignet sind und auch deren Entwicklung fördern; dadurch ergibt sich ein Rückkoppelungseffekt.

5 Notwendig mindestens bis zum Jahr 2100.

6 Aus dem Straßenbau freiwerdende Arbeitskraft konnte für m eingesetzt werden, das 1985 beendet sein sollte; danach für die Wiederherstellung des Kanalsystems im Binnenland; gleichzeitig benötigt die dezentralisierte Landwirtschaft immer mehr Arbeitskräfte.

7 Maßnahmen q und r stehen im Einklang; zwischen b und t ergibt sich ein Rückkoppelungseffekt.

8 Zieldatum für die Umverteilung ist das Jahr 2030; das steht im Einklang mit der für w notwendigen Zeitspanne von 45 Jahren; siehe auch 9.

9 Für Forschung und Vorbereitung sind nur 5 Jahre erforderlich, da die Maßnahme in Einklang mit v weiterverfolgt werden kann.

10 Hierbei wird eine Kleingemeinde mit etwa 500 Personen zugrunde gelegt; mit u ergibt sich ein Verstärkungseffekt.

11 Rückführung von Müll in den Boden kann erfolgen, sobald die Gemeinschaften klein genug sind; an diesem Punkt müßte auch eine gesunde Mischung von Stadt- und Landbezirken erkennbar werden.

12 Zu diesem Zeitpunkt müßte sich eine reichhaltige Struktur aus Landwirtschaft, dezentralisierten Industrien und lokalen Verwaltungen ergeben; ein großer Teil der Bevölkerung müßte durch Erziehungsmaßnahmen jetzt zum Leben in der stabilen Gesellschaft geeignet sein; damit könnten auch Besteuerung, Vergabe von Prämien, Initiativen den Gemeinden übertragen werden; bis zum Endziel jedoch wäre die Lebenszeit einer weiteren Generation erforderlich.

Das Endziel

Nichts widerspricht der Erwartung, daß die stabile Gesellschaft eine so befriedigende Lebensführung ermöglichen wird, die für alles entschädigt, auf das am Ende des Industriezeitalters verzichtet werden muß.

Wir haben gezeigt, wie die gegenwärtige Gesellschaftsform dem Menschen eine befriedigende soziale Umwelt vorenthält. Eine Gesellschaft aus dezentralisierten, sich selbst erhaltenden Gemeinden, in denen Menschen nahe ihren Arbeitsstätten wohnen, sich selbst verantwortlich verwalten, ihre Schulen, Hospitäler und ihre sozialen Hilfsdienste in Gang halten und damit Gemeinden in echtem Wortsinn bilden, wäre ein sehr viel gesünderer sozialer Lebensraum.

Die Menschen könnten unter diesen Bedingungen wieder zu sich selbst finden und das Selbstgefühl entwickeln, das viele in der Massengesellschaft verloren haben. Sie könnten Lebensziele, Wertvorstellungen und persönliche Genugtuung in der Weiterentwicklung finden.

Die stabile Gesellschaft bedeutet, daß gerade jene Faktoren entfallen, die unsere Massengesellschaft für uns und besonders die jungen Menschen immer unerträglicher machen und zu Rauschgiftsucht, Alkoholismus und Kriminalität führen – symptomatische Erscheinungen in einer Gesellschaft, die ihren Mitgliedern nicht mehr ein Mindestmaß an psychischer Unterstützung zu bieten vermag.

Schon vor mehr als einem Jahrhundert erkannte John Stuart Mill, daß die Industriegesellschaft aufgrund ihrer Natur nicht für lange Zeit lebensfähig ist und daß die stabile Gesellschaft eine sehr viel bessere Form des Zusammenlebens wäre. Er schrieb[14]:

»Ich muß gestehen, daß mir das Lebensziel der Menschen, die meinen, es sei Bestimmung, sich ständig durchzukämpfen, keineswegs zusagt und daß es nicht das erstrebenswerteste Geschick ist, zu treten, zu kriechen, mit den Ellenbogen zu stoßen und mit dem Schuh exakt die Fersen des Vordermannes treffen zu müssen, wie es unsere soziale Lebensform verlangt.

Die nördlichen und mittleren Staaten der USA bieten ein sehr schönes Beispiel dieser Art menschlicher Zivilisation unter besonders günstigen Entwicklungsbedingungen . . . das ganze Leben des einen Geschlechts ist völlig der Jagd nach dem Dollar gewidmet, das des anderen der Nachlieferung und Aufzucht neuer Dollarjäger.

Ich weiß nicht, welches Verdienst darin zu suchen ist, daß diejenigen, die bereits reicher sind, als überhaupt irgend jemand sein sollte, ihre Mittel noch verdoppeln, um Dinge anzuschaffen, die kein anderes Vergnügen bereiten, als Reichtum zu repräsentieren . . . Nur in den unterentwickelten Teilen der Welt ist eine erhöhte Produktion von sachlicher Bedeutung. In den hochentwickelten Ländern ist eine bessere Verteilung eine wirtschaftliche Notwendigkeit, das setzt unter anderem eine striktere Beschränkung der Bevölkerungszahl voraus . . . Es bekommt dem Menschen nicht gut, wenn er sich ständig gezwungen sieht, inmitten anderer Exemplare seiner eigenen Art zu leben . . . Eine Welt, in der kein Platz mehr für spontane, natürliche Entwicklungen ist, bietet auch keine Befriedigung . . . Es ist fast überflüssig zu betonen, daß eine gleichbleibende Größe von Kapital und Bevölkerungszahl keinesfalls gleichbedeutend mit einer Stagnation menschlicher Weiterentwicklung ist . . .«

Die Notwendigkeit einer reichhaltigen Umwelt

In unserer Industriegesellschaft scheinen die wichtigen Dinge diejenigen zu sein, die besonders den wirtschaftlichen Wohlstand fördern, sich also nach unserem Wertsystem besonders bezahlt machen.

Dieser Wertmaßstab erscheint allein bestimmend für das Saatgut, das wir aussäen, für den Baustil unserer Häuser und für die Struktur unserer Städte. Unter anderem resultiert hieraus die denkbar trübste Einförmigkeit.

In einer stabilen Gesellschaft würden jedoch andere Maßstäbe bestimmen, was wir anbauen und konstruieren. Vielfalt würde anstelle der Eintönigkeit treten, als Folge der verschiedenen Kulturformen, die sich in dezentralisierten Gemeinschaften entwickeln könnten.

Dazu führt René Dubos aus[15]:

»In seinem Buch *Der Mythos der Maschine* meint Lewis Mumford, wenn der Mensch sich in einer Umwelt so eintönig wie Hochhauswohnungen, öde wie Parkplätze und lebensfern wie eine automatisierte Fabrik entwickelt hätte, so hätte er sehr wahrscheinlich keine so reichhaltige Erfahrung machen können, um Vorstellungsvermögen, Sprache und Abstraktionsfähigkeit zu entwickeln. Wahrscheinlich würde Mr. Mum-

ford auch der Vermutung zustimmen, daß junge Menschen ohne
Rücksicht auf ihre Begabung geistig und seelisch verkrüppeln, wenn sie in
einer Umwelt aufwachsen, welche die möglichen Lebenserfahrungen
uniformiert und beschränkt.
Wir müssen die Eintönigkeit aus unserer Umwelt ebenso verbannen wie
den Zwang zu absolut konformem Verhalten und uns statt dessen
bemühen, eine Umwelt zu schaffen, die so reichhaltig wie irgend möglich
ist. Das kann zu einem Verlust an Leistung führen. Das viel wichtigere
Ziel aber ist die Bereitstellung des Nährbodens, auf dem sich der noch
schlummernde Samen menschlicher Fähigkeiten entfalten kann. Reichhaltigkeit und Abwechslung in unserer physischen und sozialen Umwelt sind
entscheidende Faktoren des Funktionalismus, bei der Städteplanung
ebenso wie beim Bau von Wohnungen und in der Lebensführung.«

Reale Kosten

Wir können uns eine Situation vorstellen, in der wir ohne Autos,
Haushaltsmaschinen und viele andere technische Errungenschaften auskommen, die heute immer mehr den täglichen Lebensablauf bestimmen.
Zweifellos haben uns diese Errungenschaften Freizeit verschafft und auch
persönliche Befriedigung bereitet. Die Kosten hierfür werden aber selten
in ihrer vollen Höhe berücksichtigt. Kaum jemand von uns kann den
Gesamtaufwand berechnen, der notwendig ist, all das herzustellen. Man
hat berechnet, daß der Energieaufwand für die zahlreichen Haushaltsmaschinen, die der durchschnittlichen amerikanischen Hausfrau ihren hohen
Lebensstandard sichern, so viel Energie verbrauchen, wie 500 Sklaven
aufbringen könnten[16].
Dies reizt zu einem Vergleich mit den Spartanern, die sich eine Armee von
Sklaven hielten, um ihre Felder nicht selbst zu bestellen und ihre Häuser
eigenhändig in Ordnung zu halten. Trotzdem führten sie ein recht
bedauernswertes Leben. Die Männer mußten von Kindesalter an in
Kasernen leben, wurden dürftig verköstigt und über die größte Zeit ihres
Lebens mit Exerzieren und militärischen Übungen beschäftigt. Das war
erforderlich, um die riesige Zahl der unterdrückten Heloten niederzuhal-
ten, die jede Gelegenheit nutzten, sich gegen ihre Unterdrücker zu
erheben. Offensichtlich fiel ihnen niemals ein, daß es ihnen ohne Sklaven
besser ginge, wenn sie die weniger eintönige und anstrengende Arbeit der
Feldbestellung und des Hausbaus selbst erledigt hätten.
Unser Begriff der »wirtschaftlichen Kosten« stimmt nicht mit den
wirklichen Kosten überein. In einer stabilen Gesellschaft muß diese

Diskrepanz so weit wie möglich geschlossen werden. Das bedeutet, daß
wir dazu ermuntert werden sollten, die Dinge zu kaufen, die geringste
Umweltbelastungen verursachen und die Vorteile ihrer Nutzung nicht
durch Nebenkosten wieder zunichte machen.

Reale Werte

Ähnlich wie die »wirtschaftlichen Kosten« zu den realen stehen auch die
»wirtschaftlichen Werte« zu den realen Werten.
Unser Lebensstandard wird nach dem Marktpreis der Güter berechnet.
Dabei wird aber nicht zwischen Produkten unterschieden, die völlig
unwichtig sind, wie etwa Verpackungen zu Werbezwecken, und außerordentlich wichtigen Gütern, wie unvergiftetes Wasser, unverseuchte Luft
und Nahrungsmittel, von denen unsere Gesundheit weitgehend abhängt.
Wir betrachten diese als selbstverständlich und bewerten um so mehr die
unwichtigen Güter.
Das Bruttosozialprodukt ist daher eine äußerst irreführende Maßzahl für
unser Wohlbefinden. Hierzu meint Edward Mishan[17]: »Eine Zunahme
der Verkehrsopfer, der Krebstoten, der Herzkranz- oder Nervenkranken
erhöht die Einnahmen der Ärzte und Unternehmer und kann zur
Vergrößerung des Bruttosozialprodukts beitragen. Ein zerstörter Wald für
die Produktion von Hunderten von Tonnen Papier für die Sonntagsausga-
ben der amerikanischen Zeitungen erhöht das Bruttosozialprodukt. Das
Verteilen von Beton über einst blühende Landstriche treibt es ebenfalls in
die Höhe . . .«
In ähnlicher Weise dienen viele Maschinen, deren Besitz zur Erhöhung
unseres Lebensstandards angeblich beiträgt, lediglich dazu, natürliche
Güter und Leistungen zu ersetzen, die uns das Wachstum von Bevölkerung und Wirtschaft geraubt hat. Am Beispiel des Autos haben wir das
schon gezeigt. Heute sind so viele arbeitssparende Maschinen und Geräte
erforderlich, weil durch die Auflösung der Großfamilien niemand mehr da
ist, der die Haushaltsarbeit erledigen kann. Die Tatsache, daß in vielen
Fällen Mann und Frau arbeiten müssen, um das nötige Geld zur
Anschaffung dieser Maschinen zu verdienen, macht die Haushaltsgeräte
um so notwendiger.
In einer stabilen Gesellschaft müßte alles Erdenkliche getan werden, diese
unsinnige Diskrepanz zwischen wirtschaftlichen und echten Werten
aufzuheben. Wenn es uns dann gelingt, einige der Schäden wiedergutzu-
machen, die wir der Umwelt zugefügt haben, und ein natürlicheres Leben
zu führen, gibt es auch weniger Bedarf für die Gebrauchsgüter, für die

heute so viel Geld ausgegeben wird. Statt dessen könnten wir uns auf Güter konzentrieren, die unser Leben tatsächlich bereichern. Da bei den Herstellungsprozessen dann mehr Gewicht auf Qualität als auf Quantität gelegt würde, kämen Fähigkeiten und handwerkliches Können wieder zur Geltung, Fertigkeiten, die heute immer mehr mißachtet werden. Zum Beispiel wäre das Kochen wieder eine Kunst und nicht mehr länger ein chemischer Prozeß. Es würde wieder als eine wichtige Beschäftigung eingeschätzt, die Arbeit verursacht und Phantasie erfordert. Die Nahrungsmittel würden reichhaltiger, das Essen wäre wieder eher ein Ritual als ein notwendiger Prozeß zum Nahrungsmitteldurchsatz.

Die Künste könnten aufblühen: Literatur, Musik, Malerei, Bildhauerei und Architektur würden wieder eine bedeutende Rolle im Leben spielen. Leistungen auf diesen Gebieten würden zu Geld, aber auch zu persönlichem Ansehen führen.

Eine Gesellschaft, die sich diesen Tätigkeiten und Errungenschaften widmet, könnte weitaus mehr Befriedigung bieten als unsere gegenwärtige, die völlig auf Massenproduktion fragwürdiger Konsumgüter in immer größeren Mengen ausgerichtet ist. Sie könnte, so erstaunlich das auch für jemanden sein mag, der den heutigen wirtschaftlichen Lehrsätzen vertraut, weit eher die wichtigen biologischen Bedürfnisse des Menschen, gesunde Luft, sauberes Wasser und giftfreie Nahrung, liefern und, was vielleicht noch erstaunlicher erscheinen mag, die Arbeitsplätze sichern, die in unserer unstabilen Industriegesellschaft prinzipiell ständig bedroht sind.

Die Grenze für die Schaffung von Arbeitsplätzen ist heute der riesige Kapitalbedarf für jeden arbeitenden Menschen. Diese Begrenzung entfällt, sobald wir einsehen, daß es innerhalb des Gesamtrahmens einer generellen Umstrukturierung der Gesellschaft möglich ist, den Kapitalbedarf zu senken, ohne den realen Lebensstandard zu vermindern.

Die Achtung vor der Natur

Der Bischof von Kingston predigte[18]: »Du sollst nicht rufen: ›Herr, Du mein Gott‹, und seine Gesetze der Natur mißachten.« Mit anderen Worten heißt das lediglich, daß zwischen den Aussagen unserer Religion und unseren übrigen kulturellen Werten wieder Übereinstimmung erzielt werden muß; denn es gibt keinen Unterschied zwischen den Gesetzen Gottes und denen der Natur. Der Mensch muß mit diesen Gesetzen leben, ganz genau so wie jede andere Kreatur. Diese Erkenntnis muß der Angelpunkt der Philosophie der stabilen Gesellschaft werden und unser Denken beherrschen. Sie ist auch die einzig wissenschaftliche Denkart.

Die Wissenschaft muß sich weit mehr um die Probleme des Zusammenlebens mit der übrigen Natur kümmern und nicht mehr versuchen, sie zu beherrschen.

Das heißt nicht, daß wissenschaftliche Bestrebungen in irgendeiner Weise behindert werden sollten. In der stabilen Gesellschaft bestünde im Gegenteil ein weites Wirkungsfeld für die Fähigkeiten von Wissenschaftlern und Technologen.

Ausgedehnte Grundlagenforschung, kombiniert mit interdisziplinärem Wissen, wäre erforderlich, um den komplizierten Mechanismus unserer Ökosphäre, in der wir leben müssen, besser zu verstehen.

Tatsächlich wäre es sogar höchst notwendig, daß Wissenschaftler und Technologen zur Verfügung stünden, um die technologische Infrastruktur einer dezentralisierten Gesellschaft zu entwerfen und zu verbessern. Gäbe es bessere und genauere Kriterien, die wirtschaftlichen und biologischen Lebenswerte technologischer Verfahren zu beurteilen, so könnte ein ganz neues Feld für Forschung und Weiterentwicklung entstehen.

Die Expansion einer Industrie zur Wiederverwendung von Materialien würde unzählige neue Möglichkeiten eröffnen. In der Landwirtschaft würde man mehr Ökologen, Botaniker und Wissenschaftler anderer Disziplinen dringend benötigen, die zusammenarbeiten müßten, um immer bessere Methoden zur Sicherung der Erträge und zur Eindämmung von Schädlingen auf natürliche Art zu finden.

Die stabile Gesellschaft mit ihrem vielfältigen physischen und sozialen Lebensraum würde menschlicher Erfindungsgabe und Tüchtigkeit ein weites Betätigungsfeld bieten.

Wir haben die Möglichkeit, einen relativ störungsfreien Übergang zur stabilen Gesellschaft zu schaffen. Es besteht deshalb Anlaß zu Optimismus und der Erwartung, daß es uns gelingt, unseren Kindern die Möglichkeit für eine Lebensführung zu bieten, die psychologisch, intellektuell und ästhetisch wesentlich befriedigender ist als unsere heutige. Nach allem, was wir wissen, wäre dies dann auch ein dauerhafter Zustand, im Gegensatz zum gegenwärtigen, der in jeder Hinsicht zur Verzweiflung Anlaß gibt über das, was wir ihnen hinterlassen. Aber dieser berechtigte Pessimismus könnte in letzter Minute noch in Hoffnung umschlagen.

Ökosysteme und ihre Zerstörung

Anhang A

Zum vollen Verständnis der Schädigungen, die der Mensch seiner Umwelt zufügt, ist es unerläßlich, ihren Grundaufbau und die in ihr ablaufenden Prozesse näher zu betrachten.

Die Umwelt kann man als ein System beschreiben, das die Luft, das Wasser, den Erdboden, alle Lebewesen und ihre Lebensräume umfaßt. Vielfach bezeichnet man dieses System kurz als die Ökosphäre. Außerordentlich wichtig ist dabei, daß man dieses System als eine Einheit betrachtet. Es besteht aus vielen Faktoren, zwischen denen Wechselwirkungen bestehen, so daß sich ein dynamisches Gesamtverhalten, eine stetige Veränderung in irgendeine Richtung, ergibt. Dies läßt sich für bestimmte Zwecke nutzen, so daß man mit dem System im Rahmen eines ihm angepaßten Programms zusammenarbeiten kann.

Dieses Programm muß auf ein bestimmtes Ziel ausgerichtet sein. Das Hauptziel ist die Aufrechterhaltung einer bestimmten Stabilität. Dies gilt grundsätzlich für alle sich selbst regulierenden Prozesse, die in ihrer Gesamtheit das Ökosystem darstellen. Stabilität in diesem Sinn heißt, daß das System seine grundlegenden Eigenschaften aufrechterhalten kann – oder mit anderen Worten: daß es auch bei Umweltveränderungen funktionsfähig bleibt. Dies wiederum bedeutet, daß in einem stabilen System alle sich zeigenden Änderungen nur so große Werte annehmen, wie gerade notwendig ist, um sich an veränderte Bedingungen anzupassen. Mit wachsender Stabilität nimmt der Grad der im System auftretenden Änderungen ab.

Es läßt sich leicht demonstrieren, wie die Ökosphäre im Lauf der Entwicklung während der Tausende von Millionen Jahren langsam immer stabiler geworden ist.

Zunächst war unser Planet von Wüsten bedeckt; ihre Existenz spiegelte die Belastung wider, der seine Oberfläche durch Sonneneinstrahlung, Wärmeabstrahlung, Witterungsereignisse ausgesetzt war. Dann kam langsam eine Pflanzendecke auf, Wälder entwickelten sich, die eine gewisse

Speicherkapazität besaßen und einen stabileren Zustand gegenüber Veränderungen interner und externer Art. Sie schufen zum Beispiel einen Gleichgewichtszustand zwischen dem Sauerstoff- und dem Kohlendioxidgehalt der Luft, weil Pflanzen durch Photosynthese aus Kohlendioxid den Kohlenstoff abspalten und den Sauerstoff wieder abgeben. Wälder speichern Niederschlagswasser und bewirken einen gleichmäßigeren Wasserablauf in den Flüssen. Sie bilden Humus, weil sie regelmäßig ihr Laub abwerfen, und sichern damit dauernde Fruchtbarkeit des Bodens. Ferner wirken sie temperaturausgleichend und schaffen eine gleichmäßigere Temperatur für die in ihnen lebenden Tiere, die im Lauf der Entwicklung selbst wieder einen Stabilisierungsmechanismus, ihre »innere Umwelt«, in Gang gesetzt haben. Ein Beispiel ist die automatische Temperaturregelung der Warmblüter.

Das wichtigste Merkmal der Ökosphäre ist ihr hoher Organisationsgrad. Sie besteht aus zahllosen ökologischen Systemen, die selbst wieder eine Eigenorganisation zeigen und in kleinere Systeme gegliedert sind, diese wiederum in noch kleinere. Jedes dieser Untersysteme besteht wieder aus Populationen verschiedener Arten, die in enger Wechselwirkung miteinander stehen. Viele sind in großen Gemeinschaften organisiert, andere in Gruppen und Familien, die kleinsten in Zellen, Moleküle und Atome.

Das Gegenteil der Organisation ist zufällige Willkür oder, wie die Physiker sagen, Entropie. Unsere Ökosphäre unterscheidet sich von der Oberfläche des Mondes und wahrscheinlich der aller anderen Planeten im Sonnensystem dadurch, daß ihr Organisationsgrad ständig zugenommen, also ihre Entropie ständig abgenommen hat. Die Erdoberfläche hat gegenüber den anderen Himmelskörpern eine stark negative Entropie. Nach dem zweiten Satz der Thermodynamik tendieren alle Systeme grundsätzlich zur Zunahme der Entropie, und zwar ganz einfach deshalb, weil dies die Entwicklungsrichtung mit dem geringsten Widerstand ist. Bei jedem Energieumsatz wird, gleich welcher Art auch immer, ein Teil der Energie als Wärme frei (zum Beispiel bei der Oxydation und durch Reibung), die sich völlig unorganisiert ausbreitet und damit die Entropie erhöht.

Aber dieser Tendenz zur Entropiezunahme wirkt die Ökosphäre teils aufgrund ihrer Beschaffenheit, teils aber prinzipiell dadurch entgegen, daß sie im physikalischen Sinn ein offenes System darstellt und ständig neue Energie in Form von Sonnenbestrahlung aufnimmt.

Diese Einstrahlung wird bei der Photosynthese in den grünen Pflanzen genutzt, zur Bildung des komplizierten Pflanzengewebes aus dem Kohlenstoff der Luft und den Nährstoffen im Boden. Von Pflanzenfressern wird das Pflanzengewebe aufgenommen und in noch komplizierteres tierisches Gewebe umgesetzt.

Bei diesen Prozessen entstehen natürliche Abfälle. Solange jedoch die dadurch hervorgerufene Abnahme der Organisation geringer ist als ihre Erhöhung bei dem Prozeß, bleibt die Entropie niedrig. Das Maß der Aufbauprozesse wird durch eine ganze Reihe von Faktoren behindert, zum Beispiel durch die Menge der verfügbaren Energie und Nährstoffe, durch die Aufnahmefähigkeit von Abfällen aller Art und durch die organisatorische Fassungskraft des Systems. Abfallmengen müssen auf ein Mindestmaß beschränkt werden. Dies geschieht durch den Prozeß der Wiederverwendung, der sicherstellt, daß die bei dem Ablauf anfallenden Abfallstoffe wieder als Materialien für folgende Prozesse dienen.

Dies ist auch aus einem weiteren Grund von größter Bedeutung: Obwohl die Ökosphäre hinsichtlich des Energieumsatzes ein offenes System darstellt, ist sie mit Blick auf das umsetzbare Material ein geschlossenes System. Sie muß mit dem Material auskommen, das vorhanden ist, erhält nichts hinzu und kann nichts endgültig beseitigen. Deshalb müssen alle Materialmengen ständig im Kreislauf umgesetzt werden.

Die Umsatzgeschwindigkeit der einzelnen Mineralien ist außerordentlich verschieden. Manche hochorganisierten Stoffe, die für komplizierte künstliche Prozesse notwendig sind, benötigen wie die fossilen Brennstoffe Hunderte, andere, wie etwa die Nahrungsstoffe für die Pflanzenfresser, Tausende von Millionen Jahre zu ihrer Entwicklung. Es versteht sich von selbst, daß sie nicht schneller aufgebraucht werden dürfen, als sie entstehen, wenn die Entropie nicht zunehmen soll. Die wichtigste Voraussetzung aller ökologischen Prozesse ist daher die absolute Notwendigkeit, alles, was es auch immer sein mag, in den Kreislauf zurückzuführen.

Man kann genau verfolgen, wie die einzelnen Stoffe wie Kohlenstoff, Stickstoff, Phosphor und Wasser, die an ökologischen Prozessen beteiligt sind, stets in den Kreislauf zurückgeführt werden. Der Ernährungskreislauf ist besonders illustrativ. Nehmen wir als Beispiel ein Ökosystem im Wasser: Die organischen Fischexkremente werden durch Bakterien in anorganische Stoffe zerlegt. Diese bilden Nährstoffe für Algen, die wiederum von Fischen oder anderen Tieren, die den Fischen als Nahrung dienen, gefressen werden. Damit ist schon der Kreis geschlossen. Die Abfälle werden beseitigt, das Wasser bleibt rein, während gleichzeitig ständig neue Stoffe zur Fortsetzung des Prozesses nachgeliefert werden.

Ein entscheidendes Merkmal jedes Lebensprozesses ist seine Selbstregulierung, er ist im wahrsten Sinn des Wortes vollautomatisiert. Selbstregulierung ergibt sich bei allen kybernetischen Systemen nur dann, wenn das System aus seiner Umwelt Daten, das heißt Informationen, empfängt und diese in den Rahmen eines geeigneten Modells oder »Abbildes« einordnet, das seine Beziehungen zur Umwelt widerspiegelt. Wenn sich dann diese

Beziehungen so verändern, daß sie vom optimal möglichen Zustand abweichen, wird auch das Modell entsprechend beeinflußt, steuert das System in Gegenaktionen und überwacht diese, bis ein neuer Gleichgewichtszustand erreicht ist. Dieser in der Sprache der Kybernetik dargelegte Vorgang erklärt, wie einfache und komplizierte Systeme sich den jeweiligen Bedingungen anzupassen vermögen. Die Art des Zusammenwirkens aller Teile des ökologischen Systems stellt sicher, daß auf jede Störung, auch auf die geringste, ein Anpassungsvorgang erfolgt, der die Grundstruktur des Systems wiederherstellt und die Störung eliminiert.

Die Annahme, wir könnten die Funktionsfähigkeit der Ökosphäre allein mit technischen Tricks aufrechterhalten, ohne die geringste Rücksicht auf die kompliziertesten Mechanismen der Selbstregulierung zu nehmen, die sich in Tausenden von Millionen Jahren entwickelt haben, ist absurde anthropozentrische Anmaßung. Sie gehört ins Reich der Hirngespinste.

Zweifellos ist es möglich, in begrenzten Bereichen und über eine begrenzte Zeit die natürlichen Kontrollvorgänge durch technische zu ersetzen, ohne daß es zu einer Katastrophe kommt. Aber wenn man hierbei zu weit geht, wenn man zum Beispiel zu große Mengen von Insektenvertilgungsmitteln anwendet, statt die ökologische Selbstregulierung wirken zu lassen, so können alles Geld und die gesamte menschliche Technik nichts mehr ausrichten und nicht mehr ein Absterben der Lebensprozesse verhindern. Genau auf dieses Ziel steuert aber die Industriegesellschaft zu.

Je weiter unsere Gesellschaft dabei kommt, je mehr wir von technologischen Prozessen abhängig werden, desto größer wird auch die Instabilität unseres Sozialsystems, um so verletzbarer wird es durch Störungen. Man muß sich einmal real vorstellen, wie es wäre, wenn nach Erschöpfung aller natürlichen Wasservorräte unser gesamtes Trinkwasser aus Destillationsanlagen käme. Wenn alle traditionellen Methoden der Landwirtschaft der fabrikmäßigen Pflanzenproduktion gewichen und alle natürlichen Vorgänge, die stets neue Atemluft liefern, so gestört wären, daß riesige Luftwerke ständig Sauerstoff in die Atmosphäre pumpen und alle Abgase, einschließlich der von uns selbst ausgeatmeten, ständig wieder herausfiltern müßten: Die kleinste technische Schwierigkeit, schon ein Streik, erst recht aber irgendeine Rohstoffverknappung würden uns der primitivsten Lebensgrundlage wie Wasser, Luft und Nahrung berauben und ein Massensterben einleiten.

Wenn der Mensch überleben will, so muß er unter allen Umständen dafür sorgen, daß der Mechanismus zur Selbstregulierung der Ökosphäre weiterfunktioniert. Dies ist jedoch nur möglich, wenn er deren Struktur respektiert. Störungen sind erlaubt und werden ausgeglichen, aber nur in gewissen Grenzen.

Ein Übertreten dieser Grenzen findet zum Beispiel statt, wenn man dem System mehr Abfallstoffe aufbürdet, als es zeitlich für weitere Prozesse verarbeiten kann. Es wird dann überladen, der Mechanismus zur Selbstregulierung wird behindert und zerstört. Die Abfallstoffe häufen sich rasch an: Die Entropie nimmt zu, und das heißt nichts anderes, als daß die Erdoberfläche einem Zustand wie dem auf dem Mond gleicht.

Wenn im ökologischen System der Gewässer der Kreislauf durch zu große Mengen an Fäkalien, Detergentien oder abgeschwemmtem Kunstdünger überlastet wird – besonders die letzteren heizen das Algenwachstum an –, so sinkt der Gehalt des im Wasser gelösten Sauerstoffs; denn er wird von den rasch sich vermehrenden Bakterien verbraucht, die diese Abfallstoffe zerlegen. Je nach der Sauerstoffabnahme werden andere sauerstoffbedürftige Organismen wie Fische und die Fauna, von denen sie sich ernähren, geschädigt oder ersticken.

Wenn dieser Zustand zu lange anhält, wird ein kritischer Punkt erreicht; der Sauerstoffgehalt sinkt auf null. Damit haben dann aber auch die abbauenden Bakterien keine Lebensmöglichkeit mehr. Der ökologische Kreislauf stoppt plötzlich und damit auch der Abbau der Schadstoffe. Das komplizierte Ökosystem des Gewässers, das zahlreiche Arten von Lebewesen erhielt, ist zerstört und zu einer giftigen, faulenden Masse geworden.

Der Lebenskreislauf stoppt natürlich auch, wenn das Gewässer gar keine Nährstoffe enthält. Dann können sich überhaupt keine Algen entwickeln, den Fischen fehlt die Nahrungsgrundlage, und sie sterben ebenfalls ab.

Das Beispiel zeigt ein Grundprinzip der ökologischen Organisation: Ein optimaler Wert jeder variablen Größe des jeweiligen Systems muß eingehalten werden, wenn seine Struktur aufrechterhalten werden soll. Dies bedeutet, daß keine dieser variablen Größen beliebig erhöht oder reduziert werden kann, ohne daß das System zusammenbricht.

Die Illusion, daß die menschliche Bevölkerung und die menschlichen Sozialsysteme hier eine Ausnahme bilden, kann zu den größten überhaupt denkbaren Schwierigkeiten führen.

Zur Aufrechterhaltung der Struktur des Gesamtsystems tendieren die einzelnen, sich selbst regulierenden Untersysteme nicht nur zu stabilen Verhältnissen untereinander, sondern auch zu entsprechenden Bedingungen in der gesamten Umwelt. Sie neigen nicht dazu, spezielle Forderungen zu erfüllen, sondern sie streben einen Kompromißzustand aus verschiedenen, sich oftmals auch widersprechenden Bedingungen an, den Kompromiß, der bei den bestehenden Zuständen für das Gesamtsystem am günstigsten ist.

Nun versteht sich von selbst, daß alle technischen Einrichtungen gerade das Gegenteil tun. Sie sind zur Erfüllung ganz spezieller kurzfristiger Wünsche eingerichtet und verfolgen diese Ziele ohne Rücksicht auf die Auswirkungen auf die Umgebung. Da jedoch sehr viele und verschiedenartige Forderungen zu erfüllen sind, um die Stabilität zu wahren, müssen alle technischen Einrichtungen grundsätzlich Umweltschäden anrichten. Unvermeidlich tendieren sie dazu, neue Gleichgewichtszustände herzustellen, die einer niedrigeren statt höheren Stabilität entsprechen. Das führt dazu, daß die Wahrscheinlichkeit des Gleichgewichtsverlustes ebenso wächst wie dessen Gefährlichkeit, gleichzeitig aber auch der Bedarf an noch weiteren technischen Einrichtungen mit einer noch größeren Wirkung.

Dies stellt einen positiven Regelkreis dar: Die Anwendung technischer Mittel steigert den Bedarf an eben diesen Mitteln und die Abhängigkeit der Gesellschaft von der Technik. Unter diesen Umständen ist es nur eine Frage der Zeit, bis ein gleichgewichtsloser Zustand eintritt, gegen den es kein technisches Hilfsmittel gibt, der den Zusammenbruch des Gesamtsystems einleitet.

Aber die Industriegesellschaft belastet ihre Umwelt noch auf eine ganz andere Art, sobald sie eine bestimmte Entwicklungsstufe überschritten hat: Sie erfindet synthetische Produkte, um die rarer werdenden Naturstoffe zu ersetzen, und sie wird zunehmend abhängiger von ihnen. Kunststoffe ersetzen Holz, Detergentien die aus natürlichem Fett gekochten Seifen, synthetische Fasern Naturfasern, Kunstdünger Stallmist. Langsam ersetzt die Kernkraft die aus fossilen Brennstoffen freigesetzten Energiemengen.

Wahrscheinlich gibt es in der gesamten Ökosphäre nicht ein einziges Molekül, für das nicht auch ein Enzym existiert, das es zerlegen kann, um den lebenswichtigen Kreislauf aus Leben, Wachstum, Tod und Verfall aufrechtzuerhalten. Das gilt aber nicht für synthetische Produkte. Sie können normalerweise nicht auf diese Art zerlegt werden – es geht nur durch technische Manipulation unter ganz bestimmten Bedingungen und in beschränktem Rahmen. Die Überlastung des Ökosystems steht damit außer Zweifel. Jedes Gramm dieser Produkte stellt in der Ökosphäre eine unzerstörbare Verunreinigung dar. Aufgrund ihrer Beschaffenheit sammeln sie sich ständig weiter an. Ihre Massenproduktion ist ein sicheres Mittel, die Ökosphäre zugunsten eines besonders stabilen Mülls systematisch zurückzudrängen.

Noch sehr viel schlimmer aber ist, daß viele dieser Substanzen in Lebensprozesse aufgenommen werden und sie ernsthaft gefährden können. Strontium 90 akkumuliert sich in den Knochen von Kleinkindern als Langzeit-Keim für Knochenkrebs. Jod 131 wird in der Schilddrüse gespei-

chert und ist ein Verursacher von Schilddrüsenkrebs. DDT reichert sich im Fettgewebe der Leber an und kann zu Leberkrebs führen. Viele Kunst- und andere Schadstoffe finden sich im Leber- und Nierengewebe.
Es ist deshalb keinesfalls erstaunlich, daß mit dem Wachsen der Industrialisierung die sogenannten degenerativen Erkrankungen zunehmen. Karzinogene Stoffe wirken vielfach auch mutierend und reduzieren langsam die Anpassungsfähigkeit unserer Art[19].
Auch die Vielfalt der Ökosphäre wird gestört. Das Ökosystem ist um so stabiler, je vielfältiger und artenreicher es ist, weil, wie Elton es ausdrückt, solch ein System praktisch jede vorhandene »Nische« ausfüllt; jede mögliche Funktion innerhalb des Systems, für die ein Bedarf entsteht, wird von einer Art eingenommen, die hierauf spezialisiert ist. Eine ökologische Invasion ist deshalb äußerst schwierig; das heißt, eine fremde Art kann kaum in das intakte System eindringen und sich dort festsetzen, und noch viel aussichtsloser ist es für sie, die Grundstruktur des betreffenden Teilsystems zu zerstören.
Aus diesem Grund kann sich auch keine Art weiter als vom System vorgegeben vermehren; die jeweilige »Nische«, welche die Art einnimmt, wirkt sich als »Bevölkerungskontrolle« aus.
Der Nahrungsbedarf einer bestimmten Art in einem hochdifferenzierten System ist selbst wieder spezialisiert. Wenn deshalb die Art zu- oder abnimmt, beeinflußt dies die Futtermengen für andere Arten praktisch nicht. Bei Arten, die in einfachen Systemen leben, ist dies nicht der Fall.
So sind Ziegen zum Beispiel dem Leben im Gebirge angepaßt, wo die ökologische Vielfalt niedrig ist. Um überleben zu können, müssen sie deshalb Allesfresser sein. Wenn man sie in der Ebene hält, machen sie kurzen Prozeß mit der Vegetation, sie fressen nicht nur Gras, sondern zerstören, wenn sie zahlreich auftreten, die Nahrungsquellen anderer Arten.
Wenn der Mensch des Industriezeitalters die letzten »wilden« Gebiete zerstört und durch seine Nutztiere ökologisch angepaßte Arten vertreibt sowie komplexe Floren durch Monokulturen ersetzt, verringert er die Vielfalt und damit die Stabilität des Ökosystems.
Dies geschieht aber auch auf andere Weise. Zum Beispiel können wirtschaftliche Notwendigkeiten Bauern dazu zwingen, die Zahl der angebauten Arten von Nutzpflanzen zu verringern. Nur diejenigen, die rasche und kurzfristige wirtschaftliche Vorteile bringen, werden weiter angebaut. Dieser Prozeß findet auch bei der »Grünen Revolution« statt. Man hat äußerst ertragreiche Arten von Reis und Weizen gezüchtet, die besonders leicht mit Kunstdünger zu treiben sind, und sie in vielen Gebieten der Dritten Welt eingeführt. Viele andere dort angebaute Arten müssen ihnen

weichen. Auch dies reduziert die Mannigfaltigkeit in vielen Fällen. Wenn mit den neuen Arten irgend etwas Unvorhergesehenes geschieht, werden die Reis- und Weizenernten in großem Umfang bedroht.

Je länger die Nahrungskette der einzelnen Arten ist, um so stabiler verhält sich das ökologische System. Das Phytoplankton aus Mikroorganismen, welche die eingestrahlte Sonnenenergie umsetzen, ist die primitivste Grundlage der Nahrungskette im Meer. Hierzu kommt aber noch das Zooplankton aus tierischen Mikroorganismen, die vom Phythoplankton leben und ein weiteres Glied in der Kette darstellen. Sie leben von den Organismen des Phythoplanktons, selektieren besonders die kranken Organismen aus und halten deren Stämme gesund, wirken also als dessen quantitative und qualitative »Bevölkerungskontrolle« und erhöhen den Organisationsgrad des Systems, der weiter steigt, wenn höhere Tiere, etwa Fische, dazukommen.

Aber die menschliche Tätigkeit führt überall dazu, daß die Nahrungskette verkürzt wird. Die größeren landbewohnenden Fleischfresser werden immer weiter ausgerottet. Dasselbe beginnt jetzt auch in der Meeresfauna. Der Mensch duldet keine Mitesser in seiner Nahrungskette und bedroht damit die Stabilität seiner eigenen Ernährung. Wie der SCEP-Bericht[20] ausführt, beeinträchtigen Umwelteinflüsse Fleischfresser stärker als Pflanzenfresser. Im Meer sind die höchstentwickelten Fleischfresser auch die empfindlichsten; offensichtlich reagieren sie besonders auf Änderungen des Sauerstoffgehaltes, auf Temperaturänderungen und auf toxische Materialien wie Pestizide und Kunstdünger.

Im SCEP-Bericht finden sich Beispiele, wie die Stabilität von ökologischen Systemen geschädigt wird:

»Anreicherung von Abwässern und abgeschwemmtem Kunstdünger im Frischwasser sowie industrielle Schadstoffe führen zu einem raschen Rückgang von Forellen, Salmen und Barschen. Das Versprühen von Insektenvertilgungsmitteln hat dazu geführt, daß Milbenarten, die Kleininsekten fressen, vielfach weitgehend ausgerottet wurden und pflanzenfressenden Milben Platz gemacht haben, die offensichtlich von den Pestiziden weniger stark angegriffen werden.

Das Besprühen von Waldbeständen führte vielfach zur Vermehrung von Holzschädlingen, nachdem ihre natürlichen Feinde, Wespen, weitgehend vernichtet worden sind.«

Fleischfresser reagieren auch schon ungünstig auf starke Veränderungen ihrer Nahrungstiere; denn es zeigte sich, daß Fleischfresser oft schon ausgerottet werden, ehe ihre Nahrungstiere, die man vernichten will, tatsächlich verschwunden sind.

Auch über den Altersaufbau vermindern wir die Vielfalt. Natürliche

Populationen bestehen immer aus einem Gemisch von Individuen verschiedener Lebensalter. Wenn man solche in der Altersstruktur ausgewogenen Populationen, etwa durch Baumbestände oder andere Pflanzen in der gleichen Altersstufe, ersetzt, entsteht eine Gefahr, weil die Individuen in verschiedenen Altersstufen jeweils besonders empfindlich gegen bestimmte Erkrankungen oder Schädlingsbefall sind. Das Ergebnis ist wiederum eine reduzierte Stabilität.

Technologische Anlagen vermindern auch die organisierte Vielfalt der Umwelt, da sie in jedem Fall natürliche Vorgänge komplexer Natur durch einfachere, primitivere Abläufe ersetzen. Die Anwendung eines chemischen Pestizids anstelle des ökologischen Regelmechanismus, der die Insektenzahl begrenzt, ist zum Beispiel eine besonders drastische Reduzierung der Komplexität der Umwelt. Dasselbe gilt mit Sicherheit auch, wenn man den natürlichen Regelmechanismus zur Erhaltung der Fruchtbarkeit des Bodens durch die Anwendung von Stickstoff, Phosphor und Pottasche, den Hauptbestandteilen der Kunstdünger, beiseite drängt.

Daß die menschliche Aktivität die Stabilität der Ökosphäre reduziert, ist lediglich eine andere Formulierung für die Feststellung, daß man praktisch darauf abzielt, sie systematisch zu verschlechtern. Statt der Entropie entgegenzuwirken, fördert die industrielle Aktivität ihre Zunahme. Wenn dieser Vorgang mit einer Zunahmerate von 6,5 Prozent jährlich weitergeht und sich alle 13,5 Jahre verdoppelt, dauert es nur noch wenige Jahrzehnte, bis unser Planet so geschädigt ist, daß er komplexe Lebensformen nicht mehr am Leben erhalten kann.

Umweltverschmutzung

Die Forschungsergebnisse über die Wirkungen von Schadstoffen auf das Ökosystem widersprechen sich nicht selten. Wir wollen derartige Ergebnisse aber nicht gegeneinander abwägen, sondern das zusammenfassen, was nach den bis jetzt wahrscheinlich gründlichsten Studien, die 1969 von einer Gruppe von Wissenschaftlern unter der Leitung des Massachussetts Institute of Technology (MIT) durchgeführt wurden, als einigermaßen gesichertes Wissen erscheint. Dieser schon genannte SCEP-Bericht wurde von der Stockholmer Konferenz für Umweltfragen der UNO 1972 als Grundlagenmaterial benutzt.

In dem Bericht wird die Notwendigkeit betont, das Problem als Ganzes anzugehen. »Entscheidend ist die Gesamtbelastung des ökologischen Systems durch den Menschen, nicht die schädliche Wirkung einzelner Schadstoffe. In vielen Fällen wirken verschiedenartige Schadstoffe zusammen. Außerdem kann die Gesamtwirkung vieler Schadstoffarten in geringen Mengen stärker sein als die einzelner augenfälliger Stoffe. Es ist deshalb gut möglich, daß die Gesamtbelastung durch Umweltverschmutzung nicht direkt festgestellt werden kann und sich nur durch Beobachtung der Wirkungen im Gesamtsystem größenmäßig ergibt.«

Die Größenordnung der menschlichen Aktivität läßt sich abschätzen, wenn man bestimmte, von Menschenhand eingeleitete und ausgeführte Prozesse mit den Ziffern natürlicher geologischer und ökologischer Prozesse vergleicht. Dabei erweist sich, daß in mindestens zwölf Fällen die Größen der durch menschliche Tätigkeit hervorgerufenen Raten denen bei natürlichen Prozessen gleichkommen oder sie übertreffen (Tabelle 1).

Tabelle 1: Umsetzraten von Stoffen auf natürlichem Wege und durch den Menschen. Schätzungen nach den jährlichen Mengen der Einschwemmungen in die Meere (in tausend Tonnen/Jahr).

Element	Geologische Rate (in Flüssen)	Durch menschliche Tätigkeit (Bergbau)
Eisen	25 000	319 000
Stickstoff	8 500	9 800 (Verbrauch)
Mangan	440	1 600
Kupfer	375	4 460
Zink	370	3 930
Nickel	300	358
Blei	180	2 330
Phosphor	180	6 500 (Verbrauch)
Molybdän	13	57
Silber	5	7
Quecksilber	3	7
Zinn	1,5	166
Antimon	1,3	40

Daraus ergibt sich, ». . . daß wenigstens einige unserer Tätigkeiten in Größenordnungen vorgenommen werden, die absolut ausreichen, die Materialverteilung in der Biosphäre zu verändern. Ob daraus im Einzelfall Probleme entstehen, hängt davon ab, wie toxisch das jeweilige Material wirkt, wie es räumlich und zeitlich verteilt wird und wie haltbar es in ökologischen Maßstäben ist«.

Alle störenden technischen Prozesse sind hochentwickelt und laufen nach globalen Maßstäben langsam ab. Der sichtbare Haupteffekt ist daher eine stufenweise Veränderung des Ökosystems in Richtung hoher Instabilität

und durch Verlust von Arten. Viele Seen, besonders aber Städtezentren
sind schwer geschädigte Ökosysteme. Leichtere Schädigungen sind weit
verbreitet, vielfach zeigen sie sich als vorübergehende Abweichungen vom
Normalverhalten. Hierbei handelt es sich meist um eine graduelle Veränderung, bei der es keine bestimmten sprunghaften Veränderungen wie
etwa beim Umkippen eines Flußlaufes gibt. Die Stabilität geht mehr und
mehr verloren. Schädlinge vermehren sich, die Wasserläufe verschmutzen,
und die Landschaft wird zunehmend unansehnlicher. Auf lokaler Ebene
ist es zu solchen Erscheinungen schon mehrfach gekommen. Liefe dieser
Vorgang global und gleichmäßig ab, so wäre er viel weniger auffallend, da
es dann keine Vergleichsmöglichkeiten mit gesunden Ökosystemen gäbe.
Aber jede Generation ist natürlich geneigt, den Zustand, den sie gerade in
ihrer Jugend vorfindet, als »natürlich« zu betrachten.

Energie

Der gegenwärtige und der zukünftige Energieverbrauch liefert Maßzahlen,
mit denen wir unsere Fähigkeit zur Zerstörung des Ökosystems abschätzen können. Die offensichtlich besten Überschlagsrechnungen über den
Energieverbrauch legte 1969 das Battelle-Memorial-Institut vor. Danach
betrug der Energieverbrauch in den USA 1968 etwas mehr als 15 Trillionen Kilokalorien; bei der gegebenen Steigerungsrate des Verbrauchs
werden es im Jahr 2000 rund 40 Trillionen sein.
Während der letzten 50 Jahre ist der Energiebedarf pro Einheit des Bruttosozialprodukts ständig gesunken. Zunehmender technischer Wirkungsgrad tendiert dazu, dem Energiemehrverbrauch entgegenzuwirken. Dies
scheint sich jedoch jetzt zu ändern. Die gegenwärtige Entwicklung fördert
den Energieverbrauch, der Wirkungsgrad neuer Kraftwerke und anderer
Energiequellen wird jedoch nicht weitersteigen und kann sogar im kom-
menden Jahrzehnt zurückgehen, etwa durch den Einsatz von Kernkraftwerken. Wenn dies tatsächlich eintreten sollte, dann liegen die Ver-
brauchsschätzungen zu niedrig. Andererseits können Mangelerscheinun-
gen zur Energieeinsparung zwingen. Auch dies wurde bei der Hochrech-
nung nicht berücksichtigt.
Durch die Verbrennung fossiler Brennstoffe sind 1967 rund 13,4 Millionen Tonnen Kohlendioxid in die Atmosphäre gelangt; 1980 werden es
nach einer Schätzung von Joel Darmstadter 26 Millionen Tonnen sein
(Tabelle 2). Im SCEP-Bericht wird darauf hingewiesen, daß die Verringerung des noch vorhandenen Waldbestandes, besonders in Brasilien, Indo-
nesien und im Kongo, die Absorptionsfähigkeit der Ökosphäre für Koh-

Tabelle 2: Weltenergieverbrauch 1980 (nach Darmstadter)

	*A	Feste Brennstoffe		Flüssige Brennstoffe		Gas		Wasserkraft		Kernenergie		Gesamtverbrauch	
		10^{12} kWh	Weltverbrauch in %	10^{12} kWh	Weltverbrauch in %	10^{12} kWh	Weltverbrauch in %	10^{12} kWh	Weltverbrauch in %	10^{12} kWh	Weltverbrauch in %	10^{12} kWh	in %
Industriestaaten													
USA	3,5	5,0	17,3	9,4	25,3	8,3	41,9	0,34	18,1	0,98	52,0	24,0	26,8
Kanada	5,5	0,3	0,9	1,2	3,2	1,0	4,8	0,22	11,6	0,05	2,8	2,8	3,0
Westeuropa	4,0	2,7	9,4	9,2	24,9	2,1	10,3	0,46	24,1	0,63	33,5	15,1	16,8
Osteuropa	4,6	3,6	12,5	1,5	3,9	0,7	3,5	0,02	1,2	0,04	2,1	5,9	6,6
UdSSR	6,5	5,7	19,7	5,2	14,0	5,9	29,8	0,29	15,3	0,04	2,1	17,1	19,1
Japan	7,9	0,5	1,9	3,5	9,5	0,1	0,4	0,11	5,7	0,11	5,6	4,3	4,9
Australien	4,8	0,4	1,3	0,4	1,2	0,1	0,7	0,04	2,1	0,01	0,3	1,0	1,1
Gesamt	4,7	18,2	63,0	30,4	82,0	18,2	91,4	1,48	78,1	1,86	98,4	70,2	78,3
Entwicklungsländer													
Kommun. Asien	7,6	7,3	25,4	0,7	2,0	—	**	0,04	2,2	0,01	0,4	8,1	9,1
übriges Asien ohne Japan	8,5	2,3	3,1	2,4	6,5	0,4	2,2	0,14	7,3	0,02	1,0	5,2	5,8
Afrika	6,5	0,9	0,6	0,7	1,9	0,2	0,9	0,06	3,0	—	—	1,8	2,0
Mittel- und Lateinamerika	7,4	0,2	7,9	2,8	7,6	1,1	5,5	0,18	9,4	0,00	0,2	4,3	4,8
Gesamt	7,7	10,7	37,0	6,6	18,0	1,7	8,6	0,42	21,9	0,03	1,6	19,4	21,7
Welt Gesamt	5,2	28,9	100,0	37,0	100,0	19,9	100,0	1,90	100,0	1,89	100,0	89,6	100,0

* Spalte A nennt den voraussichtlichen jährlichen Wachstumsanteil des Energieverbrauchs von 1965 bis 1980.
** Unbekannt, wahrscheinlich sehr gering.

Darmstadter folgt der UNO in der Berechnung der Wasserkraft- und Kernenergie. Für beide Größen legt er die Berechnung der Wasserkraft zugrunde. Darmstadters Ist-Zahlen waren in metrischen Tonnen angegeben, entsprechend ihrem Gegenwert an Kohle, und wurden in Kilowattstunden umgerechnet.

lendioxid reduziert und zur Anreicherung des Gases in der Atmosphäre beiträgt.
Seit 1952 ist der CO_2-Gehalt der Atmosphäre jährlich um 0,2 Prozent angestiegen. Daraus ergibt sich eine Zunahme um 18 Prozent bis zum Jahr 2000. Der Anteil in der Luft beträgt dann 0,379 Prozent statt gegenwärtig 0,32 Prozent. Kohlendioxid ist zwar völlig ungiftig, behindert jedoch die Wärmerückstrahlung der Erde in den Raum. Im SCEP-Bericht wird deshalb geschätzt, daß sich die Jahrestemperatur bis Ende des Jahrhunderts um 0,5 Grad Celsius erhöhen wird. Eine Verdoppelung des CO_2-Gehalts wird die Bodentemperatur der Erde um zwei Grad Celsius hochtreiben (Tabelle 3).

Tabelle 3: Anreicherung von Kohlendioxid durch Verbrennungsprozesse 1950–1967 in Milliarden Tonnen.

Jahr	Kohle	Holz	Erdöl- produkte	Erd- gas	Gesamt
1950	3,7	0,9	1,4	0,4	6,4
1951	3,8	0,9	1,7	0,5	6,9
1952	3,8	0,9	1,8	0,5	7,0
1953	3,8	0,9	1,9	0,5	7,1
1954	3,8	0,9	2,0	0,6	7,3
1955	4,1	1,0	2,2	0,6	7,9
1956	4,4	1,1	2,4	0,7	8,6
1957	4,5	1,3	2,5	0,7	9,0
1958	4,6	1,4	2,6	0,8	9,4
1959	4,8	1,4	2,8	0,9	9,9
1960	5,0	1,4	3,1	1,0	10,5
1961	4,5	1,5	3,3	1,0	10,3
1962	4,6	1,5	3,5	1,1	10,7
1963	4,8	1,6	3,8	1,2	11,4
1964	5,0	1,7	4,2	1,3	12,2
1965	5,0	1,7	4,5	1,5	12,7
1966	5,1	1,7	4,8	1,6	13,2
1967	4,8	1,7	5,2	1,7	13,4
1980 (geschätzt)	11,1		10,8	4,0	26,0

Abwärme

Die bei allen technischen Prozessen freiwerdende und in die Umgebung abstrahlende Wärmemenge, die Abwärme, nimmt gegenwärtig um 5,7 Prozent zu; die Zunahmerate dürfte bis zur Jahrhundertwende auf sechs

Prozent steigen. Insgesamt betrug die Abwärmemenge 5,5 Millionen Megawatt im Jahr 1970 und dürfte bis 1980 auf 9,6, bis zum Jahr 2000 auf 31,8 Millionen Megawatt zunehmen. Welche Auswirkung dies für das Klima der Erde haben wird, weiß man heute noch nicht.

Die Freisetzung von Schadstoffen wie Schwefeloxide, Stickoxide, Kohlenwasserstoff, Kohlendioxid und Staubpartikeln kann auch mit einiger Sicherheit nicht vorausberechnet werden; denn es gibt weder das theoretisch-wissenschaftliche Grundwissen, das hierzu notwendig wäre, noch Daten, aus denen man es entwickeln könnte.

Die Emission radioaktiver Schadstoffe ist gekoppelt mit dem Betrieb von Kernkraftwerken und Anlagen zur Aufbereitung radioaktiver Substanzen. Man schätzt, daß 99,9 Prozent der freigesetzten Schadstoffe aus diesen Anlagen stammen. Von Bedeutung ist hierbei die Emission der potentiell gefährlichen Stoffe wie Jod 131, Xenon 153, Strontium 90 und Caesium 137 sowie Tritium (Wasserstoff 3) und Krypton 85.

Zwar dürfte die Gesamtemission kaum die maximal noch zuträglichen Grenzwerte erreichen, wenn die Verteilung der emittierten Stoffe gesichert ist. Jedoch darf nicht übersehen werden, daß sich radioaktive Stoffe leicht in bestimmten Organismen anreichern und dann in die Nahrung gelangen. Konzentrationsfaktoren vom 1000fachen Normalwert an radioaktivem Caesium wurden im Muskelfleisch von Barschen, vom 8700fachen in den Gräten von Bachforellen, vom 350000fachen in Köcherfliegenlarven und vom 75000fachen in Schwalben gemessen. Tabelle 4 zeigt die geschätzten Konzentrationsfaktoren einiger radioaktiver Stoffe in verschiedenen Wassertieren.

Tabelle 4: Konzentrationsfaktoren in Meeresorganismen.

Radioaktive Stoffe	Meß- stelle	Phyto- plankton	Algen	Insekten- larven	Fische
Na^{24}	Columbia River	500	500	100	100
Cu^{64}	Columbia River	2 000	500	500	50
Seltene Erden	Columbia River	1 000	500	200	100
Fe^{39}	Columbia River	200 000	100 000	100 000	10 000
P^{22}	Columbia River	200 000	100 000	100 000	100 000
P^{32}	White Oak Lake	150 000	850 000	100 000	30–70 000
$Sr^{90}–Y^{90}$	White Oak Lake	75 000	500 000	100 000	20–30 000

Auch das Phytoplankton neigt zur Anreicherung radioaktiver Produkte, besonders von Zink 65, Kobalt 67, Mangan 54 und Eisen 55, die es offensichtlich stärker akkumuliert als die Spaltprodukte. Wenn Brüter-Kern-

kraftwerke zur Anwendung kommen, wird auch Plutonium zu einem
nennenswerten radioaktiven Schadstoff. Die Beseitigung konzentrierter
und hochradioaktiver Abfälle ist ein ernstes Problem, das noch weiterer
Forschung bedarf. Tabelle 5 zeigt die geschätzten Mengen an deponierten
radioaktiven Abfällen für 1970, 1980 und 2000.

Tabelle 5: Radioaktive Abfälle als Folge der Produktion von Kernenergie in den USA.

	1970	1980	2000
Installierte nukleare Leistung in MW	11 000	95 000	734 000
Hochradioaktive Substanzen			
Jährlicher Anfall in Gallonen	23 000	510 000	3 400 000
Angesammelte Menge	45 000	2 400 000	39 000 000
Angesammelte Spaltprodukte			
in Strahlungseinheiten (Megacurie)			
Sr^{90}	15	750	10 800
Kr^{85}	1,2	90	1 160
H^3	0,04	3	36
Gesamt	1 200	44 000	860 000
In Tonnen	16	388	5 350

Haushaltsmüll und Schadstoffe aus der Landwirtschaft

Die Abwässer aus Stadtbezirken enthalten Sedimente, gelöste und feste
Stoffe aus Fäkalien sowie Schadstoffe aus Landwirtschaft und Industrie.
Sie werden noch immer in Flüsse und Küstengewässer eingeleitet. Die
Gesamtmenge dieses Abfallmaterials beträgt jährlich zwischen 150 und
220 Millionen Tonnen und steigt jährlich um etwa vier Prozent.
Weltproduktion und -verbrauch von Kunstdüngern hat sich in jedem
Jahrzehnt verdoppelt bis verdreifacht – ausgenommen lediglich in den
Jahren des Ersten und Zweiten Weltkrieges. 1963–1964 wurden auf der
Erde mehr als 33 Millionen Tonnen verbraucht, davon nur zehn Prozent
in den unterentwickelten Gebieten, deren Verbrauch aber jetzt rapide
ansteigt.
Jährlich werden etwa eine Million Tonnen DDT produziert. Diese Menge
wird sehr wahrscheinlich mit der zunehmenden Nahrungsmittelverknap-
pung und dem einsetzenden Rückgang der Ernteerträge zunehmen. Für
die notwendige Verdoppelung der Nahrungsmittelproduktion wird das
Sechsfache der heutigen DDT-Menge benötigt (Tabelle 6).
In den Industrienationen zeigt sich ein Trend, vom DDT abzurücken und
zu weniger beständigen Pestiziden wie Phoraten, Dimiton, Parathion und

Tabelle 6: Durchschnittlich notwendige Mengen an Pestiziden zur landwirtschaftlichen Produktionserhöhung. Durchschnittswerte für Asien (ohne China und Japan) und Lateinamerika.

Prozent der Produktionszunahme	Pestizide in Tonnen
—	120 000
10	150 000
20	195 000
30	240 000
40	285 000
50	342 000
60	402 000
70	475 000
80	558 000
90	640 000
100	720 000

anderen überzugehen. Diese Mittel müssen aber wegen ihres rascheren Abbaus öfter angewendet werden. Die unterentwickelten Gebiete werden sie sich kaum leisten können. Die Verwendung von DDT wird daher wahrscheinlich weiter ansteigen.

Die zunehmende Abhängigkeit der Landwirtschaft von diesen Giften wird auch im SCEP-Bericht erwähnt: »Weder die Erkenntnis, daß Pestizide ständig den Gebrauch von weiteren Pestiziden notwendig machen, noch daß deren Anwendung neue Schädlingsarten entstehen läßt, sind neu. Bei vielen unserer Nutzpflanzen, für deren Anbau große Mengen dieser Stoffe eingesetzt werden, ist die Zahl der auftretenden Schädlinge, die bekämpft werden müssen, im Anwachsen; denn neue schädliche Insektenarten finden bei diesen Nutzpflanzen einen günstigen Lebensraum, wenn ihre natürlichen Feinde ausgerottet werden. Noch vor einem halben Jahrhundert waren die meisten schädlichen Insekten exotische Arten, die zufällig in Gebiete eingeschleppt wurden, in denen ihre natürlichen Feinde fehlten. In letzter Zeit haben sich beispielsweise viele Milbenarten, Blattrollinsekten und verschiedene Schildlausarten sowie Blattläuse in den Anbaugebieten eingenistet. Pestizide verursachen einen stets wachsenden Bedarf an Pestiziden und müssen auch immer häufiger angewendet werden. Unsere Landwirtschaft ist bereits weitgehend von diesem Steigerungsprozeß abhängig, der sich gegenwärtig auch in den unterentwickelten Gebieten immer stärker bemerkbar macht. Dies gilt auch für die Forstbetriebe. Pestizide werden immer notwendiger. Ehe die gesamte Biosphäre in diesen Teufelskreis eingeschlossen ist, sollten neue Mittel zur Schädlingsbekämpfung entwickelt werden.«

DDT, das meistverwendete Schädlingsbekämpfungsmittel, findet sich heute im Fettgewebe von Tieren in jedem Teil der Erde. Die Wirkungen sind im SCEP-Bericht niedergelegt: »DDT und seine Abkömmlinge reichern sich letzten Endes immer in den Ozeanen an. Rund 25 Prozent der überhaupt bis heute produzierten Menge sind in das Meerwasser übergegangen. Erst 0,1 Prozent der Gesamtmenge ist nach allem, was wir wissen, heute im Gewebe von Meereslebewesen gespeichert – dennoch hat diese prozentual geringere Menge sehr deutliche Auswirkungen hervorgerufen. Ganze Populationen von Vögeln, die sich von Fischen ernähren, sind bereits in ihrer Fortpflanzung gefährdet und zeigen abnehmende Bestandszahlen. Mit der zunehmenden Anreicherung des DDT im Ökosystem des Meeres werden weitere Arten bedroht. Die Abnahme der Fangerträge von Meeresfischen und die Anreicherung von DDT in deren Gewebe können durch fortgesetzten Verbrauch an DDT nur beschleunigt werden. Das Ausmaß bestimmter Gefahren bei der Anwendung dieses Mittels ist außerordentlich schwierig zu bestimmen, erfordert aber gerade deshalb sorgfältige Beachtung. Wir kennen die Geschwindigkeit des Abbaus von DDT zu unschädlichen Stoffen im Meer nicht. Einige der Folgeprodukte haben mit Sicherheit Halbwertszeiten von Jahren, unter Umständen sogar Jahrzehnten. Unter der Annahme, daß große DDT-Mengen gegenwärtig innerhalb des Systems gespeichert sind und nach und nach in das Meerwasser transportiert werden, ist zu erwarten, daß der Anreicherungspegel dieser Substanzen in den Meeresorganismen ansteigt, sogar dann, wenn überhaupt kein DDT mehr verwendet würde. Wenn diese Verbindungen tatsächlich Halbwertszeiten von Jahrzehnten haben, gibt es bereits jetzt keine Möglichkeit mehr, die Folgen aufzuhalten. Je besser diese Probleme erforscht werden, um so unerwarteter sind die Wirkungen, die man entdeckt. Angesichts der Forschungsergebnisse im letzten Jahrzehnt können unsere Vorhersagen über die Folgen sehr wohl untertrieben sein.«

Schwermetalle

Auch Schwermetalle stellen bedeutende Schadstoffe dar. Einige Schwermetalle sind starke Gifte für Pflanzen, Tiere und Menschen, sind außerordentlich beständig und bleiben über sehr lange Zeiträume toxisch. Einige dieser Stoffe wurden als Pestizide verwendet und mit Industrieabfällen, Abgasen und auf anderem Weg der Umwelt aufgebürdet. Über Abwässer gelangen große Mengen in die Seen und Flüsse. Durch die üblichen Methoden der Abwasserreinigung wird nur ein kleiner Teil des Schwermetall-

gehaltes aus dem Wasser entfernt. SCEP hat die giftigsten und beständig-
sten Schwermetalle speziellen Untersuchungen unterworfen, besonders
Quecksilber, Blei, Arsen, Cadmium, Chrom und Nickel. Die meisten
Schwermetalle speichern sich für lange Zeit in organischem Gewebe und
wirken als sich im Körper anreichernde Gifte. Die Gesamtproduktion auf
der Erde zwischen 1963 und 1968 ist in Tabelle 7 dargestellt.

Tabelle 7:
Weltproduktion und USA-Verbrauch an toxischen Schwermetallen (in tausend Tonnen).

	Quecksilber		Cadmium		Blei		Chromoxid		Nickel	
Jahr	Welt	USA	Welt	USA	Welt	USA	Welt	USA	Welt	USA
1960	—	1,77	—	4,53	—	930	—	1110	—	98,2
1961	—	1,92	—	4,65	—	932	—	1090	—	108
1962	—	2,26	—	5,56	—	1010	—	1030	—	108
1963	8,28	2,70	11,8	5,19	2520	1060	3920	1080	340	114
1964	8,81	2,81	12,7	4,31	2520	1090	4150	1320	372	134
1965	9,24	2,54	11,9	4,75	2700	1130	4810	1440	425	156
1966	9,51	2,46	13,0	6,60	2860	1200	4390	1330	414	171
1967	8,36	2,40	12,9	5,28	2880	1150	4300	1230	441	158
1968	8,81	2,60	14,1	6,05	3000	1200	4730	1200	480	144

Besonders schwerwiegend ist das Problem, das Quecksilber als Schadstoff
aufwirft. Der SCEP-Bericht zitiert hierzu Stockinger: »Metallisches Quecksilber und die meisten Quecksilberverbindungen sind Protoplasma-Gifte
und können deshalb letal auf alle Arten von lebendem Gewebe wirken.
Ganz allgemein erweisen sich organische Quecksilberverbindungen noch
toxischer als Quecksilberdampf oder anorganische Verbindungen. Selbst
kleine Mengen von Quecksilberdampf und vielen Quecksilberverbindungen können, wenn sie eingeatmet werden, Vergiftungen beim Menschen
hervorrufen; akute Vergiftungserscheinungen, die tödlich verlaufen können oder unheilbare Nervenschäden hervorrufen, werden schon durch
einen Gehalt von 1200 bis 8500 Mikrogramm pro Kubikmeter Atemluft
hervorgerufen. Bei chronischen Vergiftungen, die häufiger vorkommen
und ebenfalls das Nervensystem schädigen, kann der Patient erst nach
Monaten, manchmal auch Jahren diagnostizierbare Symptome aufweisen.«
Auch in den Nahrungsmitteln ist Quecksilber gefährlich. In Japan kam es
zu 111 Fällen von Quecksilbervergiftungen mit 44 Todesfällen nach dem
Genuß von Fischen aus der Minamata-Bay. Ein ähnlicher Fall mit 26
vergifteten Personen, von denen fünf starben, ereignete sich in Big Niigata

City. Quecksilber ist als Gift sehr beständig. Es wird in das Körpergewebe aufgenommen und reichert sich an, wenn Fische, Muscheln, Vögel oder auch Säugetiere, deren Gewebe Quecksilber enthält, gegessen werden. Durch Industrieabfälle und durch in der Landwirtschaft benutzte Pestizide sind in Japan, Schweden und den USA schwere Quecksilbervergiftungen des Wassers entstanden. Der Quecksilberverbrauch auf der gesamten Erde nimmt zu und bedroht die Umwelt immer stärker. Dennoch ist, wie der SCEP-Bericht betont, Quecksilber nur eines von rund 24 Metallen, die äußerst giftig sind.

Ölverschmutzung

Wenn man von Verschmutzung der Seen durch Öl hört, denkt man meist an zufällige Ölabgaben ins Wasser wie im Fall des leckgelaufenen Großtankers *Torrey Canyon*. Unglücksfälle dieser Art erregen das größte Aufsehen. Dennoch gelangen durch sie weniger als zehn Prozent der rund 2,1 Millionen Tonnen Öl, mit denen das Wasser auf der Erde belastet wird, ins Meer. 90 Prozent stammen aus Schiffstanks, aus Raffinerien, Werken der Petrochemie und aus Lecks unterirdischer Ölbohrungen, aus Schmierstoffen der Industrie und der Kraftfahrzeuge sowie aus den aus der Atmosphäre herabfallenden feinverteilten Kohlenwasserstoffen *(fall-out)*, die mit den Auto- und Industrieabgasen in die Luft gelangen (siehe Tabelle 8).
Man schätzt, daß die Menge, die direkt ins Meer gelangt, nur 0,1 Prozent

Tabelle 8: Geschätzte Einschwemmungen an Erdöl ins Wasser 1969 in Tonnen.

	Menge	% der Gesamt-belastung
Tanker (normale Verfahren)		
kontrolliert	30 000	1,4
unkontrolliert	500 000	24,0
andere Schiffe (Bilgenwasser u. ä.)	500 000	24,0
aus Produktionsverfahren	100 000	4,8
unkontrollierte sonstige Verluste		
Schiffe	100 000	4,8
andere Quellen	100 000	4,8
Raffinerien	300 000	14,4
durch Autoabgase u. a.	450 000	21,6
Gesamt	2 080 000	100,0

der produzierten Menge beträgt, wenn man den *fall-out* dazu rechnet,
rund 0,5 Prozent. Das läßt sich damit begründen, daß die Masse der
geschätzten emittierten Kohlenwasserstoffe, Abkömmlinge des Erdöls,
rund 90 Millionen Tonnen beträgt und damit 40mal größer ist als die
direkt ins Meer abgegebenen Mengen. Niemand weiß bis heute, wieviel
sich hiervon endgültig im Meer festsetzt. Der SCEP-Bericht schätzt, daß,
falls »es zehn Prozent sind, die Verschmutzung der Ozeane durch Kohlenwasserstoff insgesamt fünfmal größer ist als die direkt aus Schiffen und
vom Land aus einlaufende Menge«.
Verschlimmert wird diese Situation durch die zunehmende Größe der
Tanker. Mit ihr nimmt auch die Gefahr von Unfällen entsprechend zu.
Tanker mit 800 000 BRT sind vorgesehen. »Die auslaufende Ölladung
eines solchen Schiffes würde bereits 20 Prozent der jährlichen Ölver-
schmutzung der Ozeane ausmachen« (SCEP). Die Beseitigung von Öl-
schichten ist eher schädlich als günstig »selbst bei Anwendung ungiftiger,
dispergierender Substanzen, da im Wasser verteiltes Öl auf die Meeresorganismen insgesamt toxischer wirkt als ein dicker Ölfilm«. Die Wirkung
von Öl in seichten Gewässern ist besonders schädlich. 240 bis 280 Tonnen
ausgelaufenen Heizöls aus einem beschädigten Küstenschiff vor West
Falmouth, Massachusetts, hat 1969 ein Massensterben von Meeresorganismen aller Art, Krebsen, Fischen, Meereswürmern und Mollusken
verursacht. Die biologischen Wirkungen des Öls in Küstengewässern sind
sehr schwierig zu bestimmen, weil in diesen Zonen auch noch viele andere
Schadstoffe wirken und deren Folgeerscheinungen kaum von der des Öls
zu unterscheiden sind.
Eine schädliche Wirkung dispergierten Öls im Ozean könnte sich dadurch
ergeben, daß »chlorierte Kohlenwasserstoffe wie DDT und Dieldrin sich
sehr leicht in Ölfilmen lösen. Messungen in der Biscayne-Bay, Florida,
haben ergeben, daß die Konzentration eines einzigen chlorierten Kohlen-
wasserstoffs [Dieldrin] in der obersten ein Millimeter dicken Wasser-
schicht, die Ölschlick enthielt, 10 000mal höher war als in den tieferen
Schichten. Wir wissen jedoch, daß die kleinen Fischlarven sowie pflanz-
liches und tierisches Plankton, wichtige Glieder in der Nahrungskette, sich
nachts gern unmittelbar unter der Wasseroberfläche aufhalten. Es ist
deshalb wahrscheinlich, daß sie dann chlorierte Kohlenwasserstoffe in
konzentrierter Form aufnehmen. Das führt zu schweren Schäden ihres
eigenen Organismus und des der Tiere, denen sie als Nahrung dienen«.
Diesen Untersuchungen liegt die Erkenntnis zugrunde, daß die Schädigung der ökologischen Systeme nicht unbegrenzt fortgesetzt werden kann.
Hierzu der SCEP-Bericht: »Allgemein kann gesagt werden, daß die voraussichtlichen Verluste durch die gegenwärtige Belastung nicht die Belast-

barkeit des Systems insgesamt überschreiten; das erlaubt den Schluß, daß
unmittelbar offensichtlich keine Krise droht. Hierbei muß jedoch die
Zunahmerate bedacht werden, sie ist erschreckend. Eine doppelte, vierfache oder achtfache Belastung wird ohne jeden Zweifel größere Umweltschäden hervorrufen. Verliefe der Prozeß graduell, so hätte der Zuwachs
von fünf bis sechs Prozent jährlich eben eine entsprechende Abnahme der
Umweltprozesse zur Folge und eine entsprechende Abnahme des Wachstums. Tatsächlich aber besteht die Gefahr, daß die der Umwelt aufgebür-
deten Belastungen plötzlich einen kritischen Punkt überschreiten –
manche Ökologen meinen auch, dies sei jetzt schon der Fall –, was zu
einem rasch zunehmenden Verfall unserer Zivilisation führen wird. Es ist
offensichtlich, daß wir noch vor Ende dieses Jahrhunderts unsere Beziehungen zu unserer eigenen Tätigkeit und zu unserer natürlichen Umwelt
grundsätzlich ändern müssen. Wenn wir das wollen, so müssen wir sofort
damit beginnen. Der Versuch, ein System zu ändern, in welchem eine
Zeitverzögerung von zehn Jahren wirkt, kann sich als hoffnungslos erweisen, angesichts eines Wachstums mit einer Verdoppelungszeit von weniger
als 15 Jahren.«

Soziale Systeme und ihre Zerstörung

Anhang B

Die Tätigkeit des Menschen im Industriezeitalter hat starke Auswirkungen auf die Gesellschaft. Sie trägt zu deren Zerfall bei und ruft auch pathologische Erscheinungen hervor wie zunehmende Kriminalität, Rauschgiftsucht, Alkoholismus, Geisteskrankheit und Zunahme der Selbstmordrate. Diese Erscheinungen, die besonders in den großen Städten exponentiell zunehmen, sind Symptome sozialen Zerfalls.

Warum dies so ist, läßt sich nur verstehen, wenn wir etwas mehr über die menschliche Gesellschaft wissen. Die Soziologie, die uns Informationen liefern sollte, versagt, weil sie in erster Linie die menschliche Gesellschaft *in vacuo* zu erfassen sucht, das heißt ohne Berücksichtigung der Verhaltensweisen auf anderen Organisationsstufen. Dies ergibt sich dadurch, daß man den Menschen und seine Gesellschaftsformen als einzigartig ansieht und annimmt, daß er nicht denselben Gesetzen unterliegt, die in allen anderen Teilen der Ökosphäre wirken. Wenn man die irrige Lehrmeinung aufstellt, daß der Mensch grundsätzlich etwas anderes sei als ein Tier, so ist dies ein Zeichen dafür, daß man die eigentliche Natur aller evolutionären Prozesse nicht verstanden hat. Entsprechend unserer Tendenz zu subjektiver Beurteilung betrachten wir bestimmte Ereignisse, bei denen eine Verbindung mit unserer Erfahrung hergestellt werden kann, als einen einheitlichen Prozeß, während wir andererseits nicht wahrhaben wollen, daß das auch bei solchen Ereignissen der Fall sein kann, deren logische Verknüpfung außerhalb unseres Erfahrungsschatzes liegt. So stimmen wir zwar überein, daß die Entwicklung eines Fötus zu einem erwachsenen Menschen ein einheitlicher Prozeß ist und kaum eine der bei dieser Entwicklung auftretenden Phasen vom Prozeß als Ganzes isoliert betrachtet und beschrieben werden kann. Wir sind aber sehr viel weniger bereit, die Gesamtentwicklung der lebenden Natur ebenso als einheitlichen Prozeß zu betrachten.

Man geht noch immer von der Grundvorstellung aus, daß zwischen den verschiedenen Formen des Lebens auf unterschiedlichen Organisationsstufen radikale Trennungen bestehen, obwohl diese Formen alle nur Erscheinungen desselben evolutionären Prozesses sind. Es läßt sich auch beweisen, daß derartige Grenzen nicht existieren. Als Kohler den Harnstoff synthetisch herstellte, durchbrach er die Grenze zwischen der »organischen« und der »anorganischen« Natur; die Abgrenzung zwischen der »belebten« und der »unbelebten« fiel, als man entdeckte, daß Viren charakteristische Eigenschaften des Lebens, wie die Produktion des Proteins, besitzen, aber auch die typische Struktur eines Kristalls. Auch besteht keine Schranke zwischen Mensch und Tier. Der Mensch ist »intelligenter«, das ist alles.

Wenn aber die menschlichen Gesellschaftsformen keine prinzipielle Sonderstellung einnehmen, läßt sich ihre Funktion nicht ohne Berücksichtigung des gesamten Natursystems verstehen, wie etwa von Ökosystemen und biologischen Organismen, sondern nur im Rahmen einer allgemeinen Verhaltenstheorie.

Unsere Gesellschaft ist atypisch

Um das zu verstehen, muß man sich darüber im klaren sein, daß die vielfältigen und oft chaotischen menschlichen Gesellschaftsformen keineswegs normal sind. Wahrscheinlich existiert der Mensch schon eineinhalb Millionen Jahre auf diesem Planeten. Aber erst seit etwa 150 Jahren hat er typische Industriegesellschaften entwickelt. Dieser Zeitraum entspricht im Verhältnis zu einer Lebenszeit von 50 Jahren gerade zwei Tagen. Zumindest eine Million Jahre lebte der Mensch als Sammler und Jäger. Während dieser Zeit gab es keinerlei Anlaß, Gesellschaftsformen zu entwickkeln, die in irgendeiner Hinsicht weniger der Umwelt angepaßt sind als die der Tiere.

Nach allem, was wir heute über die Gesellschaftsformen von Sammlern und Jägern, wie etwa der Buschmänner der Kalahari, wissen, steht fest, daß sie damals weniger als ein Drittel ihrer Nahrungsmittelreserven verbrauchten. Sie holzten keine Waldstriche zur Urbarmachung von Land oder zur Errichtung von Siedlungen ab und rotteten auch nicht kurzsichtig die Wildtiere aus, die ihre Lebensgrundlage bildeten. Niemals wuchs ihre Zahl so an, daß sie sich gezwungen sahen, ihre Lebensweise zu ändern.

Selbst wenn man nach der Definition von Paul Ehrlich einen Lebensraum dann als übervölkert betrachten will, wenn die Zahl der Menschen menschliche Lebenswerte erdrückt, die Menschen aber noch nicht hungern, waren diese Gemeinschaften niemals übervölkert[21].

Entscheidend ist aber, daß diese Gesellschaften in Einklang mit dem gesamten Ökosystem standen, in dem sie selber mitwirkten, da sie darin ganz bestimmte ökologische Funktionen erfüllten. Das läßt sich am Beispiel der nordamerikanischen Prärieindianer zeigen, deren Lebensgrundlage die riesigen Bisonherden waren. Sie griffen nicht die Hauptherde an – das wäre für die Indianer nach kurzer Zeit tödlich gewesen –, sondern erlegten in erster Linie streunende Einzelgänger, die alten und die kranken Tiere und trugen so dazu bei, den Bisonbestand gesund und auch stabil zu erhalten. Das gleiche gilt auch für die Löwen in Ostafrika, die in erster Linie von den Büffelbeständen leben.

Wenn aber die menschlichen Gesellschaften 99,75 Prozent der Zeit ihrer Existenz auf der Erde einen integrierten Teil der gesamten Ökosphäre darstellten – zwischen der Einführung der Landwirtschaft vor 10000 und dem Aufkommen der Industrie vor 150 Jahren –, ist es völlig unsinnig anzunehmen, daß sie nicht auch streng den ökologischen Gesetzmäßigkeiten unterlagen. Deshalb gibt es auch keinerlei logische Rechtfertigung dafür, daß die Soziologie irgend etwas anderes sein sollte als eben ein Zweig der Naturwissenschaften, der sich mit einem bestimmten Teil des Gesamtsystems beschäftigt: mit der menschlichen Gesellschaft.

Zunächst ist die menschliche Gesellschaft, wie jedes andere natürliche System, eine Organisation. Das ist sicherlich ihre wichtigste Eigenschaft. Wenn man eine Anzahl von Menschen aus verschiedenartigen Gesellschaften, die auch verschiedene Sprachen sprechen, völlig willkürlich sammeln und auf eine einsame Insel verfrachten würde, so könnte man diese Menschenansammlung zunächst mit Sicherheit nicht als eine Gesellschaft bezeichnen. Sie wäre nichts weiter als ein Haufen verschiedenartiger Menschen. Aber sie würde eine Tendenz zur Organisation, das heißt zur Abnahme der Entropie, entwickeln. Mit Sicherheit würden die Männer und die Frauen sich zu Pärchen zusammenfinden, Kinder zeugen und Familien bilden. Familien würden sich zu Gruppen zusammenschließen und kleine Gemeinden bilden, deren Mitglieder viele Gemeinsamkeiten entdecken und mit dem Zusammenleben auch Gemeinschaftsformen entwickeln würden: Sie würden eine gemeinsame Sprache lernen, sich gleichartig kleiden, ähnliche Dinge essen und auch ihre Unterkünfte in gleichartiger Weise aufbauen. Langsam würden sich auch gleiche Wertmaßstäbe und ähnliche Lebensziele entwickeln; dies würde die Menschen aneinander binden und eine echte Gesellschaft schaffen.

Organisationsstufen

Ein derartiger Organisationsprozeß verläuft nicht linear. Während der Entwicklung der einfachen zur immer komplexeren Organisationsform werden kritische Stadien erreicht, wenn die Möglichkeiten eines bestimmten Organisationstyps erschöpft sind und die Weiterentwicklung einen neuen Organisationstyp erforderlich macht.

Zum Beispiel kann sich ein Atom immer nur bis zu einem bestimmten Sättigungszustand entwickeln. Oberhalb des Sättigungszustandes aber kann eine noch weitergehende Organisation nur durch die Vereinigung mehrerer einzelner Atome zu einem Molekül erfolgen. Sobald dieser Punkt erreicht ist, werden die beteiligten Atome einer bemerkenswerten Veränderung unterworfen: Es findet unter ihnen eine radikale Aufgabenteilung statt, entsprechend dem Gesetz des geringsten Widerstands. Jedes Atom nimmt im Molekülverband einen bestimmten Platz und eine bestimmte Funktion ein. Die Rolle, welche die Atome in dieser neuen Organisationsform spielen, ist prinzipiell anders geworden, das Molekül zeigt ganz andere Eigenschaften, als sie die in ihm organisierten einzelnen Atome zeigen.

Nichts berechtigt zu der Annahme, daß dieses Organisationsprinzip nicht auch für die menschliche Gesellschaft gelten kann. Die Familie, das Paar mit Kind, der erste grundlegende menschliche Organisationstyp, findet sich in allen menschlichen Gesellschaften. Man kennt nicht ein einziges Beispiel, daß sich diese Organisationsform ohne verhängnisvolle soziale Folgen unterdrücken läßt. Die Familie wird durch Bindungen zusammengehalten, die Verhaltensformen darstellen, deren auslösende Impulse nicht spezifisch sind wie die für die einfacheren Organisationsformen des Lebens.

Zum Beispiel kann nicht nur die leibliche Mutter selbst, sondern auch ein Mutter-Bild ein Kind-Verhalten auslösen[22], das gilt auch umgekehrt. Dieser Verhaltensimpuls bindet nicht nur die Familienmitglieder, sondern ermöglicht auch die Bildung größerer sozialer Einheiten als bilateral ausgerichtete oder einseitig vergrößerte Familien. Die Mitglieder der verschiedenen Familien, die eine Einheit bilden, können auch ohne Blutbindung zueinander stehen, da schon menschlicher Kontakt genügend ein Zusammengehörigkeitsgefühl auslösen kann[23]. Andererseits aber können Bindungen nicht beliebig weit ausgedehnt werden. Dies ist eine besonders charakteristische Eigenschaft aller Bindungen, ob nun im Atomkern, im Sonnensystem oder der Gesellschaft. Deshalb wird beim Organisationsaufbau immer ein kritischer Zustand erreicht, bei dem die Bindungsmöglichkeiten zu sehr strapaziert werden. Eine noch höhere Organisation ist dann nur noch möglich durch Assoziation mehrerer Einheiten, in dem Übergang zu einer neuen Organisationsstufe.

Oberhalb der Organisationsform der Clane, der Familiengruppen oder des Dorfes gibt es einen sozialen Organisationstyp, der tatsächlich nur selten erreicht wird. Um die Familienbande so zu nutzen, daß sich eine größere Einheit ergibt, müssen sehr komplizierte Organisationsformen entwickelt werden: »Kreuzbindungen«, die eine Art Spinngewebe von Beziehungen darstellen, die so zusammenwirken, daß jedes Individuum an jedes andere innerhalb der Gruppe wenigstens in einer Beziehung, möglichst aber in mehreren, gebunden ist.

Ein Stammesmitglied ist immer auch Mitglied einer Familie, einer Verwandtschaftsgruppe mütterlicher- und einer väterlicherseits. Da möglicherweise keine dieser Gruppen selbst in seinem Dorf lebt, ist es Mitglied einer weiteren Gruppe der Dorfgemeinschaft. Zusätzlich kann es aber auch noch Mitglied einer Altersgruppe, irgendeines Geheimbundes, einer bestimmten Kriegerschar und außerdem einer Gruppe sein, die eine bestimmte wirtschaftliche Tätigkeit ausübt. Dieser Mensch hat eine ganz bestimmte gesellschaftliche Stellung, die Linton[24] als »Summe all seiner Stellungen in den Einzelgruppen und damit seine Position zur Gesamtgesellschaft« definiert.

Das gleiche Prinzip zeigt sich nach Linton auch in den stabileren Bereichen unserer modernen Gesellschaft. »Der Status von Herrn Jones als Mitglied seiner Gesellschaft ist eine Kombination all seiner Positionen, die er als Bürger, als Rechtsanwalt, als Methodist, als Freimaurer, als Ehemann der Frau Jones einnimmt.« Die Kreuzbande der Beziehungen halten den Einzelmenschen in Kontakt mit einer großen Zahl von Teilen der Gesamtgemeinschaft. Ortega y Gasset[25] bezeichnet diese Querbindungen als »soziale Elastizität«. Da alle Teile der Gesellschaft in gegenseitigem Kontakt stehen, wirkt sich jede Veränderung der Gesellschaft auch auf das Individuum aus, ebenso wie die Handlungen des Individuums letztlich die Gesamtgesellschaft berühren, und zwar über die einzelnen Gesellschaftsgruppen, denen es angehört.

Ohne diese soziale Elastizität gäbe es tatsächlich keine Organisation des Zusammenlebens, also keine Gesellschaft. Aber diese soziale Elastizität kann sich nur unter bestimmten Bedingungen entwickeln und erhalten. Wenn die Gesellschaft zu groß wird, werden die Bindungen immer komplizierter und tendieren dazu zu reißen. Tatsächlich ist unser Sozialsystem überlastet, weil mehr Menschen vorhanden sind, als sich Sozialformen für sie organisieren lassen. Damit bricht die Grundstruktur des Systems zusammen und verliert die Fähigkeit zur Selbstkontrolle.

Da es für jede Bindung Grenzwerte gibt, können die sozialen Bindungen,

die nur verlängerte Familienbande darstellen, immer nur eine begrenzte
Zahl von Menschen zusammenhalten. Aristoteles vertrat die Meinung,
eine Stadt dürfe nur so viele Einwohner haben, wie sich wenigstens noch
vom Sehen her kennen. Die griechischen Stadtstaaten, die tatsächlich
wichtige Merkmale der Selbstregulierung zeigten, waren recht klein. Nur
Athen, Korinth und Syrakus hatten mehr als 20 000 Einwohner. Es ist in
diesem Zusammenhang bezeichnend, daß nach einer neueren amerikanischen Untersuchung die Kriminalitätsrate proportional der Größe einer
Stadt ist. In Städten mit mehr als einer Million Einwohner ist die Zahl der
Gewaltverbrechen pro Kopf viermal größer als in Städten mit 10 000
Bürgern. Und die Verstädterung ist ein wichtiger Wesenszug der Industriegesellschaft (siehe Tabelle 9).

Tabelle 9: Zunahme der Kriminalitätsrate in den USA. Verbrechen pro 100 000 Einwohner.

	Städte über 250 000	Städte zwischen 50 000 und 100 000	unter 10 000
Mord oder Totschlag	5,5	4,2	2,7
Fahrlässige Tötung	4,4	3,7	1,3
Raub	23,7	9,3	7,0
Diebstahl	108,0	36,9	16,4
Körperverletzung	130,8	78,5	34,0

Auch durch die Mobilität einer Bevölkerung leidet die soziale Elastizität.
Wenn die Menschen ständig von einem Ort in einen anderen ziehen, kann
sich keine gesunde Gesellschaft bilden.
Die Ansiedlungen bestehen dann nicht mehr aus Menschen, die zusam-
mengewachsen sind und zwischen denen sich persönliche Beziehungen
entwickelt haben, sondern aus Individuen, die zufällig zusammengewürfelt
sind. Menschliche Bindungen lassen sich aber nicht herstellen und organisieren, ebensowenig wie ein Sozialisierungsprozeß, der es dem einzelnen
ermöglicht, seine gesellschaftliche Funktion einzunehmen, innerhalb
weniger Jahre bei erwachsenen Menschen erzwungen werden kann. Ge-
sellschaftsbildung ist ein sehr langsamer Erziehungsvorgang, dessen wichtigste Phase für das Individuum sich in seinen ersten Lebensjahren ab-
spielt, wenn sich die Grundzüge seiner Kultur, seine Wert- und Zielvor-
stellungen gegenüber der Familie und der kleinen überschaubaren Lebens-
gemeinschaft bilden.

Wie die Gesellschaft kontrolliert wird

Zum Verständnis dieses Vorgangs müssen wir erkennen, wie kulturelle Informationen für das sich selbstregulierende Verhalten einer Gesellschaft bestimmend sind: wie sich das kybernetische Denkmodell zur tatsächlichen Gesellschaft verhält.

Eine Gesellschaft, die sich selbstregulierend verhält, besitzt eine Modellvorstellung ihrer Beziehungen zur Umwelt, und diese Modellvorstellung überwacht ihr Verhalten entsprechend den bestehenden Differenzen zur Realität. Im Deutschen nennt man dieses Denkmodell Weltanschauung, ein Bild von der Welt, das sich aus Religion, Mythologie, Traditionen, Lebenserfahrung und anderem zusammensetzt.

Sobald man die Kultur einer Gesellschaft versteht, kann man auch die Gründe für das jeweilige Verhalten verstehen. Was vorher unverständlich und irrational erschien, wird plötzlich logisch und selbstverständlich. Dies zeigt das folgende Beispiel:

Einige Stämme der australischen Ureinwohner kennen den ursächlichen Zusammenhang von Beischlaf und Empfängnis noch nicht. Sie glauben, daß die Geister der Ungeborenen, die *ngargalulla,* in einem außerirdischen Reich leben und von dort auf die Erde abberufen werden, wenn man von ihnen träumt. Nach den Angaben von Daisy Bates[26] muß beim Stamm der Koolarrabulloo der Vater von ihnen träumen.

»Der Glaube an das Reich der Ungeborenen, der *ngargalulla,* war so unerschütterlich, daß kein einziger Mann, der es nicht im Traum gesehen hatte, jemals die Vaterschaft eines von ihm biologisch gezeugten Kindes annahm. In einem Fall erlebte ich, daß ein Mann, der fast fünf Jahre lang seinen Stamm verlassen und in Perth Arbeit angenommen hatte, stolz die Vaterschaft über ein Kind verkündete, das während seiner Abwesenheit zur Welt gekommen war; denn er hatte in dieser Zeit das *ngargalulla* geträumt. In einem anderen Fall jedoch verweigerte ein Mann strikt die Vaterschaft, obwohl er von seiner Frau nicht einen einzigen Tag getrennt gelebt hatte: Er hatte nicht geträumt. Wenn ein Knabe zur Welt kommt, während man im Traum ein Mädchen sah, oder wenn der biologische Vater den ursächlichen Traum nicht geträumt hatte, so sucht die Mutter in ihrem Stamm nach einem Mann, der den richtigen Traum hatte, und der wird dann auch nachträglich noch Vater des betreffenden Kindes.«

Wenn man nun dieses Weltmodell, diese Weltanschauung der Koolarrabulloo nicht kennt, erscheint es vollständig unlogisch und sinnlos, wie sie die Frage der Vaterschaft regeln. Auf dem Hintergrund ihres kulturellen Weltbildes aber handeln sie vollständig vernünftig und so zuverlässig, daß man, wenn man mit ihnen spricht, Vaterschaften sogar vorhersagen kann.

Nichts deutet darauf hin, daß nicht jedes scheinbar irrationale Verhalten
auf dem Hintergrund der kulturellen Denkmodelle seine Erklärung findet.
Als »rational« gilt eben immer dasjenige Verhalten, das auf unserem
kulturellen Modell basiert und wir, recht voreingenommen, als das einzig
»richtige« und gültige ansehen. Wenn wir jedoch begreifen, daß der Zweck
jeder kulturellen Information im Vermitteln eines umweltgerechten Verhaltens liegt, so wird es auch unbedeutend, ob diese Information nun
wissenschaftlich »richtig« ist oder nicht. Unsere eigene, speziell auf wissen-
schaftlichen Erkenntnissen beruhende Kultur ist deshalb in keiner Hinsicht
den Kulturen der meisten Primitiven überlegen.

Das Ziel

Die Kultur gibt auch der Gesellschaft ihre Struktur und die Fähigkeiten,
diese zu erhalten. Es scheint das Ziel aller sich selbstregulierenden Gesellschaften zu sein, soziales Prestige zu gewinnen. Dies ist aber nur möglich
in einer fest strukturierten Gesellschaft, weil nur in einer solchen Einver-
ständnis darüber herrscht, was Prestige überhaupt ist. Allgemein kann
man sagen, daß Prestige zusammenfällt mit dem, was die Gesellschaft
zum Überleben braucht. In einer Gesellschaft von Sammlern und Jägern
verschafft Erfolg bei der Jagd Prestige, in einer kriegerischen Gemeinschaft persönlicher Mut. Das Prestige, das man erringt, bestimmt die
Stellung in der sozialen Hierarchie. Diese Hierarchie ist von größter Bedeutung, um Streit zu vermeiden und eine sozial erträgliche Arbeitsteilung
unter den Mitgliedern der Gesellschaft sicherzustellen. Wenn es keine
Hierarchie gäbe, würde ständig jeder gegen jeden kämpfen, gäbe es keine
Sicherung, daß die Lebensbedürfnisse der Gesellschaft auch erfüllt werden. Hierarchie ist ein anderes Wort für Organisation. Es gibt nur zwei
Möglichkeiten, ohne sie auszukommen: Entweder man akzeptiert das
Chaos und die Willkür einzelner, die systemlos bestimmen, wie Diktatoren, oder man reduziert drastisch die Größe der Gesellschaft. In einer
ganz kleinen Gruppierung – wie zum Beispiel die der Buschmänner der
Kalahari oder der Pygmäen vom Ituriwald – ist die Hierarchie zum Beispiel
auf ein Minimum reduziert. Dies ermöglicht einen stabilen Zustand bei
völliger Gleichheit des einzelnen. Mit zunehmender Größe der Gruppe
wächst sofort auch das Bedürfnis nach Hierarchie.
Jede Gesellschaft besitzt eine Reihe von Glaubenssätzen, denen zufolge
übernatürliche Kräfte dazu genutzt werden können, den Individuen, Gruppen und der Gesellschaft das Erreichen ihrer Bestrebungen zu ermöglichen. Zu diesem Zweck werden Zeremonien und Rituale durchgeführt,

die alle dazu beitragen, die gesellschaftlichen Bindungen zu festigen und die sozialen Organisationsformen zu erhöhen. Gleichzeitig gibt es in der Gesellschaft eine Reihe von Tabus, die verhindern sollen, daß übernatürliche Kräfte geweckt werden, welche die Bemühungen der Gesellschaft zur Erreichung ihrer Ziele stören könnten.[27]

Das Ziel, das sich eine sich selbstregulierende Gesellschaft setzt, befriedigt insgesamt die Bedürfnisse der Umwelt. Es ist keinesfalls willkürlich wie in unserer Gesellschaft.

Dies zeigt sich zum Beispiel in der Art, wie die Größe einer einfachen Gesellschaft geregelt wird. Die Eskimos leben in den Sommermonaten in kleinen Familieneinheiten, denn es besteht keine sachliche Notwendigkeit, größere Gruppen zu bilden; die Arktis könnte größere Einheiten auch gar nicht ernähren. Die kleinen Gruppen der Pygmäen am Kongo haben die Idealgröße für das Leben im tropischen Regenwald und offensichtlich die zur Jagd auf Elefanten nötige Mindestzahl von Jägern.

Eine sich wirklich selbstregulierende Gesellschaft muß jedoch auch in der Lage sein, ihre Organisationshöhe den jeweiligen Umweltbedingungen anzupassen, jedenfalls in gewissen Grenzen. Unter der Bedrohung aus Mazedonien wäre es für die griechischen Stadtstaaten angemessen gewesen, sich zu einem Bund zusammenzuschließen, das heißt zu einer höheren Organisationsform überzugehen. Das gelang ihnen aber nicht, obwohl es viele Versuche in dieser Richtung gab. Andererseits aber sollte eine Gesellschaft, wenn die Umwelt keine Anforderungen stellt – zumindest zeitweise –, ihre Organisationsform verringern und sich in ihre Bestandteile auflösen können. Diese Reduzierung auf kleinere Gruppen wird jedoch gewöhnlich durch institutionelle Widerstände verhindert. Zentralistische Regierungsinstitutionen erweisen sich gewöhnlich als gebietsgierig und blind gegenüber der Realität, sobald die Umweltbedingungen die Staaten als künstliche und hinderliche Gebiete sichtbar werden lassen.

Wesentlich für eine sich selbstregulierende Gesellschaft ist die Ausrichtung auf ein bestimmtes Ziel. Sie entwickelt sich in eine bestimmte Richtung. Das Entwicklungsziel und die Mittel, es zu erreichen, sind kulturell festgelegt.

Die Integrität des Kulturschemas

Damit die Gesellschaft sich auf ihr Ziel zu bewegen kann, ist es wichtig, daß alle Mitglieder von derselben kulturellen Information durchdrungen sind, die sie dann befähigt, die speziellen Funktionen zu erfüllen, die ihnen als spezialisierten Mitgliedern des kulturellen Systems zukommen.

Auch diejenigen kulturellen Erscheinungen, die uns oftmals ohne praktischen Sinn erscheinen und mit denen sich Missionare, Erzieher, Verwaltungsbeamte und andere oft zu gern befassen, haben eine spezifische Funktion innerhalb des sozialen Verhaltens.

Wenn man mit der Kultur einer stabilen Gesellschaft wirklich vertraut wäre und daraus die Rolle entwickeln könnte, die jeder einzelne der verschiedenen Gebräuche und Institutionen innerhalb einer derartigen Kultur spielen, also bestimmen könnte, in welcher Form und in welchem Maß sie zum Gesamtverhalten in der Umwelt beitragen, ließen sich auch die Folgen vorhersehen, die eintreten, wenn diese Kulturfaktoren unterdrückt werden. Ein anschauliches Beispiel hierfür bieten die Ehebräuche bei den Einwohnern der Komoren, der Inselgruppe zwischen Moçambique und Madagaskar. Diese Menschen besitzen eine komplexe soziale Organisation, die wahrscheinlich auf einheimische matriarchalische Sitten zurückgeht, auf denen ein patriarchalischer Überbau sitzt, der von den islamischen Eroberern stammt. Auch das islamische Heiratsgesetz wurde übernommen. Das Ergebnis dieser Kombination von Kulturwerten sind Polygamie und eine sehr hohe Scheidungsquote. Es ist üblich, daß sich Frauen fünf- oder gar zehnmal im Leben neu verheiraten. Wenn man dies nach den Erfahrungen unserer eigenen Gesellschaft beurteilt, so kommt man zu dem Schluß, daß es zerbrochene Ehen in riesiger Zahl geben müsse, eine sehr hohe Jugendkriminalität, Schizophrenie und viele Selbstmorde, kurz: alle Symptome eines sozialen Chaos.

Tatsächlich sind die Verhältnisse aber ganz anders: Auf Mayotte, einer der Hauptinseln des Archipels, hat es in den letzten fünfzig Jahren nur zwei Totschläge gegeben, aber keinen Mord. Verbrechen sind sehr gering, ebenso selten sind Fälle von Geisteskrankheit, Selbstmord und anderen Symptomen sozialer Gestörtheit.

Die Gesellschaft ist kulturell der Instabilität der ehelichen Beziehungen angepaßt. Unsere Gesellschaft ist das nicht. Diese Anpassung hat zwei Gründe: Als Folge matriarchaler gesellschaftlicher Faktoren ist der Clan der Mutter zumindest teilweise für jedes Kind verantwortlich. Die älteren Brüder der Mutter erfüllen verschiedene Funktionen der Vaterschaft. Die Erbfolge erfolgt in erster Linie über die Brüder der Mutter statt über den leiblichen Vater. Weiterhin herrscht die Sitte, daß der jeweilige Stiefvater automatisch die Vaterschaft der Kinder seiner Frau übernimmt, die diese mit ihren früheren Ehemännern gezeugt hat. Der Stiefvater, der *baba combo*, muß zum Beispiel die recht hohen Kosten für die Feierlichkeiten bei der Beschneidung seines Stiefsohnes finanzieren. Die Bedeutung, die der leibliche Vater hat, ist schon dadurch beschränkt, daß die Kinder immer im Heim der Mutter großgezogen werden. Da der Vater mit großer

Wahrscheinlichkeit mehrere Frauen hat, kann er sich immer nur ein oder
zwei Tage in der Woche im Haus einer Frau aufhalten und mit den dort
anwesenden Kindern zusammen sein. Aus allen diesen Gründen hat eine
Scheidung auf den Komoren bei weitem nicht die gleiche sachliche Bedeutung wie bei uns. Nun stellen wir uns einen Missionar oder einen Verwal-
tungsbeamten vor, der auf den Komoren auftaucht, Matriarchat und
Polygamie als Relikte der Barbarei betrachtet, die in einer modernen
zivilisierten Gesellschaft unerträglich sind und deshalb abgeschafft werden
müssen. Wenn er das praktisch versucht, ohne gleichzeitig auch alle anderen Sitten und Gebräuche dieser komplexen kulturellen Struktur zu ändern, so richtet er unübersehbares Unheil an. Verbrechen, Schizophrenie
und andere Symptome gestörten Sozialverhaltens werden daraus resultie-
ren, genau, wie sie auch in unserer Gesellschaft mit dem Zerfall des ursprünglichen Familienkerns auftreten.
Es ist bezeichnend für sich selbstregulierende Gesellschaften, daß es
solche Zerfallserscheinungen praktisch nicht gibt. Kriminalität ist in ihnen
außerordentlich selten, obwohl es keine Polizisten und Gerichte gibt. Eine
solche Gesellschaft braucht diese Art externer Kontrolle gar nicht. Sy-
stemkontrollen, das heißt durch die Gesellschaft als Ganzes, durch das
Medium der öffentlichen Meinung, genügen.
Linton schreibt: »Die Eskimos sagen: Wenn ein Mann ein Dieb ist, wird
keiner etwas dagegen unternehmen. Aber wenn sein Name erwähnt wird,
lachen die Leute. Das scheint wirklich keine schwere Strafe zu sein, reicht
aber aus, um Diebstahl fast ganz zu verhindern. Lächerlichkeit bringt
praktisch jeden schließlich zur Vernunft, denn selbst der sturste Rebell
beugt sich unter der drohenden Ächtung und Verbannung aus seiner
Gemeinschaft.«
Außerdem ist in einer stabilen Gesellschaft jedem einzelnen das Gemein-
wohl wichtig. Jeder fühlt sich als Teil des Ganzen und widersetzt sich
einem Mitglied, das gegen die gültigen Regeln verstößt und die Interessen
der Gesamtheit gefährdet. Solon antwortete einst auf die Frage nach der
seiner Meinung nach besten Art von Polizei[28]: »Die Stadtgemeinschaft, in
der alle Bürger, gleichgültig, ob ihnen selbst Unrecht widerfahren ist oder
nicht, in gleicher Weise Unrecht verfolgen und bestrafen.« Dasselbe sagte
Perikles in seiner berühmten Leichenrede für die ersten Opfer des Pelopon-
nesischen Krieges: Der Respekt vor der Autorität und den Gesetzen
zum Schutz der Geschädigten wie vor den ungeschriebenen Gesetzen, die
den Übertreter der Mißbilligung der öffentlichen Meinung aussetzen, hält
uns davon ab, Böses zu tun.

Politische Institutionen

Wir betrachten Regierung, Parlamente und Bürokratien als wichtige
Bestandteile der Gesellschaft. Offensichtlich sind aber die meisten
menschlichen Gesellschaften ohne extreme Kontrollmittel ausgekommen.
Robert Lowie schreibt hierzu[29]:
»Man sollte beachten, daß in den meisten primitiven Gesellschaften legislative Funktionen im Verhältnis zu den komplexen Zivilisationen äußerst
gering sind. Alle üblichen sozialen Kontakte werden durch Gewohnheits-
recht geregelt. Regierungsartige Mechanismen, soweit sie überhaupt existieren, dienen eher dazu, die Einhaltung traditioneller Umgangsformen
zu sichern, als neue Verhaltensweisen zu schaffen.«
Tatsächlich findet man in diesen Gesellschaften nichts, was unserem
Begriff von einer Regierung entspricht. Es gibt keine Könige, Präsidenten,
oft nicht einmal Häuptlinge, keine Rechtsprechung, Gefängnisse und
Polizeikräfte. Einer politischen Institution am nächsten kommt der Rat
der Alten, der gelegentlich zur Besprechung wichtiger Probleme zusam-
mentritt. Deshalb wurden oftmals die Eingeborenenstämme Australiens
als Gerontokratien bezeichnet, als Gesellschaften, die von alten Menschen
geführt werden – und dies trifft im wesentlichen auf alle sehr einfachen
geordneten Gemeinschaften zu.
Das Fehlen formaler Institutionen ist ein Zeichen für Disziplin und strik-
teste Einhaltung des ethischen Stammeskodex und nicht, wie man vielleicht glauben könnte, von Freizügigkeit. Verhaltensweisen, die in einer
ungeordneten Gesellschaft nur durch die Anwendung brutalen Zwanges
erreicht werden können, werden allein durch die Wirkung der öffentlichen
Meinung, die Sanktion der Alten und die Angst vor den Ahnengeistern
verhindert.
In den höher entwickelten Gesellschaften findet man das gleiche Prinzip
in weniger ausgeprägter Form. Wo die öffentliche Meinung von großer
gesellschaftlicher Bedeutung ist, sind starke Regierungen und Diktatoren
nicht gefragt. Umgekehrt führt in einer gestörten Gesellschaft, in der die
öffentliche Meinung über den einzelnen nur noch wenig Bedeutung hat,
das Fehlen einer Regierungsautorität und einer alles durchsetzenden und
erzwingenden Bürokratie unvermeidlich zu gesetzlosen Zuständen und zur
Herrschaft des Mobs.
Überlädt man ein soziales System mit zu vielen Menschen oder wird die
Mobilität zu stark, so daß eine echte Sozialisierung nicht mehr stattfinden
kann, mindert sich auch die Wirkung der öffentlichen Meinung und damit
die Fähigkeit der Gesellschaft zur Selbstkontrolle. Nicht systemkonforme
äußere Kontrollmaßnahmen müssen in zunehmendem Maß eingesetzt

werden: mehr Politiker, mehr Bürokraten, mehr Gesetze, immer weitere gerichtliche Institutionen, welche die Eigenkontrolle immer stärker vermindern.

Eine so geführte Gesellschaft verliert die Fähigkeit zur Eigenkontrolle. In vielen südamerikanischen Republiken führt der Sturz eines Diktators lediglich zur Machtergreifung durch den nächsten. Eine wirkliche Demokratie ist unmöglich, weil die hierzu erforderliche soziale Struktur fehlt. Eine Massendemokratie ist, genau gesehen, ein Widerspruch in sich. In gleichem Maß, wie unsere Gesellschaft wächst und ihre Organisationshöhe fällt, das heißt ihre Entropie zunimmt, nehmen auch die äußerlichen künstlichen Kontrollmaßnahmen zu, um eine nur äußere Form der sozialen Ordnung aufrechtzuerhalten.

Daraus läßt sich ein Grundgesetz formulieren: Je höher die Entropie und Zufälligkeit eines Sozialsystems ist, desto umfangreicher müssen die asystematischen Kontrollmaßnahmen sein, deren extremste Form die Diktatur ist.

Solche nicht systemkonformen Kontrollen sind in Sozialsystemen ebenso unerwünscht wie in Ökosystemen, und zwar aus dem gleichen Grund: Ein Diktator führt die Gesellschaft üblicherweise zu einem willkürlichen Ziel, ohne Rücksicht auf die Erfordernisse der Umwelt, und erhöht damit die Instabilität der Gesellschaft weiter. Ein derartiges Sozialsystem ist äußerst verletzlich. Während eine sich selbstregulierende Gesellschaft große Menschenverluste erleiden kann, ohne daß ihre Stabilität verringert wird, genügt meist ein Attentat auf den Diktator, um chaotische Zustände und Bürgerkrieg herbeizuführen. Das Römische Reich der Spätepoche bietet hierfür genügend Beispiele. Eine Diktatur stellt eine drastische Reduzierung des Kontrollmechanismus einer Gesellschaft dar und erhöht ihre Labilität.

Unsere Industriegesellschaft aber schädigt die menschliche Gesamtgesellschaft auch dadurch, daß sie nichtindustrialisierte Kulturen zerstört. Während zuvor unzählige verschiedenartige Kulturen mit völlig verschiedenen Entwicklungseinrichtungen existierten, ähneln sie einander heute immer mehr, seit sie in die Einflußsphäre der industriellen »Zivilisation« gericten.

Es ist bezeichnend, daß in Neuguinea, dem letzten Reservat primitiver Kulturformen, noch rund 700 verschiedenartige Kulturen, jede mit ihrer eigenen ausgeprägten Sprache, existieren. Unter diesen Umständen hat ein Fehlverhalten einer sozialen Gruppe kaum Auswirkungen auf die anderen, aber die Wahrscheinlichkeit ist hoch, daß zumindest eine ihrer Kulturformen unter geänderten Bedingungen sich als bestmögliche Lösung erweist.

Der Untergang derart verschiedenartiger Gemeinschaften zugunsten einer gemeinsamen Massengesellschaft, die einseitig auf kurzfristige materielle Ziele hinarbeitet, wäre ein Verlust für die Menschheit, dessen wirkliche Bedeutung nicht genug betont werden könnte. Das würde die Komplexität und damit die Stabilität menschlicher Organisationen auf diesem Planeten reduzieren. Es wäre ein irreparabler Verlust eines großen Schatzes kultureller Informationen, der für die weitere Existenz der Menschheit ebenso wichtig ist wie die genetischen Reserven einer möglichst vielfältigen Flora, die durch die modernen Anbaumethoden geschädigt werden.

Sozialer Zerfall und seine Auswirkungen

Es zeigt sich immer deutlicher, daß die Zerstörung einer befriedigenden Umgebung, die das Familienleben schafft, die Kinder nachhaltig beeinflußt und sie für ihr ganzes späteres Leben belastet[30]. Man bezeichnet sie oft als emotionell gestört. Auch wenn sie hochbegabt sind, können sie sich nur schwer in ihre soziale Umgebung einfügen, weil gerade die frühesten und wichtigsten Stadien der sozialen Charakterformung schwer behindert wurden. Je früher der Verlust der familiären Geborgenheit eintritt, um so stärker ist das der Fall, wie D. O. Hebb[31] zeigt. Es ist kaum möglich, in der Sozialentwicklung emotionell stark gestörte Kinder später noch zu sozialisieren. Auch sehr sorgfältige Schulbildung nützt hier im allgemeinen recht wenig.
Diese Kinder zeigen sich unfähig zu sozialer Anpassung, zur Konzentration, sind nur an Dingen interessiert, die ihnen unmittelbar Vorteile bringen, und auch bei hoher Intelligenz schwer erziehbar. Sie neigen zu allen Formen der Verhaltensstörung wie Kriminalität, Rauschgiftsucht, Alkoholismus und Geisteskrankheiten. Als Erwachsene können sie nicht die normalen Funktionen innerhalb einer eigenen Familie erfüllen, wodurch auch ihren eigenen Kindern der Familienhalt verlorengeht. Auch diese werden emotionell gestört.
John Bowlby vergleicht sogar einen Verbrecher mit einem Tuberkulosekranken[32]. Er ist ebenso ein Bazillenträger, wie der letztere der Träger einer Persönlichkeitskrankheit ist, die seine Familie und seine Gemeinschaft über Generationen anstecken wird, so lange, bis seine Nachkommen durch eine natürliche Selektion ausgestorben sind.
Sozial und emotionell geschädigte Jugendliche sind typisch für eine desintegrierte Gesellschaft. In den Negergettos von New York und in anderen amerikanischen Großstädten sind sie heute die Regel. Ebenso wie ein Kind durch ein gestörtes Familienleben schwer geschädigt wird, bleibt

auch der Mangel einer befriedigenden sozialen Umwelt für Erwachsene
nicht ohne Folgen.

In der Industriegesellschaft wird Prestige auf verschiedenartige Weise
erworben, durch gute Erziehung, durch einen sozial angesehenen Beruf
und vor allem durch Geldverdienen. Aber Personen, bei denen sich nicht
die normalen Sozialisierungsprozesse abspielen konnten, vor allem Mitglieder von Minderheiten, finden diese Wege zum Erfolg vielfach ver-
schlossen. Es gibt für sie keinen anderen Ausweg, als Ersatzziele zu entwickeln. Es ist nach Cloward und Ohlin[33] der Vorgang, bei dem sich die
kriminellen Subkulturen in den Großstadtslums bilden. Diese Subkulturen liefern Lebensziele, die für die betreffenden Menschen im Bereich des
Erreichbaren liegen. Sobald aber das Verbrechen zu einem Geschäft wird
und es dieselben Voraussetzungen verlangt wie der legale Erfolg, wird ein
weiterer Ausweg notwendig und auch gefunden. Dies ist nach Cloward
und Ohlin die Bildung der Subkultur der Schlägerbanden, die ebenfalls
ihre eigenen ethischen Strukturen und Ziele besitzen, die aber von denen
der Hauptkultur vollständig verschieden sind. Diejenigen, die bei den
Bestrebungen der Hauptkultur nicht mithalten und sich mit deren Wertvorstellungen nicht identifizieren können, werden zum Rückzug und zur
Absonderung gezwungen. Sie isolieren sich von ihrer gesellschaftlichen
Umgebung, die sie als Individuen ablehnt.

Robert Merton[34] beschreibt einen Menschen in einer derartigen Situation
wie folgt: »Defätismus, Verschlossenheit und Resignation bilden einen
Mechanismus des Ausweichverhaltens, der dazu führt, daß man sich den
Forderungen der Gesellschaft versagt . . . Es ist ein Ausweg, der ergriffen
wird, weil es sich als unmöglich erweist, sich den Zielen auf legale Weise
zu nähern und auch die illegale Route einzuschlagen, da innere Hemmun-
gen bestehen. Dieser Konflikt wird dadurch gelöst, daß sowohl die Ziele
wie auch die Mittel zu ihrer Erreichung verworfen werden. Die Flucht aus
der Gesellschaft ist damit komplett, die betreffende Person völlig asozial
geworden.«

In einer desintegrierten Gesellschaft kann man Subkulturen in verschie-
nen Entwicklungsstadien finden, die sich auf den geschilderten verschie-
nen Wegen bilden; Kriminalität und Gewalttätigkeit nehmen zu, es
kommt zu verschiedenartigen Erscheinungen der kulturellen Absonderung
wie Drogensucht, Alkoholismus, absonderlichen religiösen Kulten und
zunehmenden geistigen Erkrankungen. In solch einer Gesellschaft herr-
schen ein allgemeines Gefühl der Ziellosigkeit, eine hektische, fast pathe-
tische Sucht nach Originalität, eine Überbewertung von allem, was kurzfristige Unterhaltung bieten könnte, und gleichzeitig eine Ahnung von
Hoffnungslosigkeit und Nutzlosigkeit aller Bemühungen.

Kriminalität

In den USA ist nach Angaben des Justizministers John Mitchell die
Kriminalität in Städten über 250000 Einwohnern zweieinhalbmal so hoch
wie in den Vorstädten und in diesen wieder doppelt so hoch wie in ländlichen Gebieten. Insgesamt hat sich die Kriminalität im letzten Jahrzehnt
verdoppelt. 1969 kamen auf je 100000 Einwohner 2471 Verbrechen. Es
gab 65000 Gewaltverbrechen, 4334000 Eigentumsdelikte, 14590 Morde,
36470 Raubüberfälle und 306420 schwere Körperverletzungen. Insgesamt
stellt dies eine Zunahme um zwölf Prozent gegenüber dem Vorjahr dar. In
England steigt die Kriminalität in gleichem Maßstab. 1970 gab es 1,5
Millionen Verbrechen, davon allein in London 300000 – zehn Prozent
mehr als 1969.
Einbrüche, Gewaltverbrechen und tätliche Überfälle nehmen am rasche-
sten zu, jährlich um rund 15 Prozent. Auf 100000 Einwohner kommen in
England 66 Gewaltverbrechen, in den USA 324. Bei der gegenwärtigen
Verdoppelungszeit von fünf Jahren wird in zwölf Jahren in England der
gegenwärtige Stand in den USA erreicht sein, der so schwerwiegend ist,
daß das Leben in den Städten unerträglich ist und das Wirtschaftsleben
bereits schwer behindert wird.
Nach dem Soziologen Michael Banton von der Bristol-Universität ist die
zunehmende Unordnung ein »Teil des Preises, den wir dafür zu zahlen
haben, daß unsere Gesellschaft einem Wirtschaftssystem angepaßt wird,
das uns solch große materielle Vorteile bietet«.
Tabelle 9 zeigt, um wieviel größer die Verbrechensrate in Städten über
250000 Einwohnern gegenüber Kleinstädten mit 10000 Einwohnern ist.
Die bedenklichste Seite unserer Industriegesellschaft zeigt sich im Verhalten der Menschen, wenn der komplizierte Mechanismus der gesetzlichen
Macht aus irgendwelchen technischen Gründen kurzfristig lahmgelegt ist.
In Montreal wurden während eines 24stündigen Streiks der Polizei Läden
ausgeraubt, Frauen vergewaltigt und Häuser geplündert. In London stieg
während eines Streiks bei der Elektrizitätsversorgung der Diebstahl in
Läden und Warenhäusern so gewaltig an, daß sie schließen mußten, bis
der Strom wieder da war. Dies illustriert vielleicht am besten, was sich
ereignet, wenn der Mechanismus zur Selbstregulierung, der normalerweise
das Verhalten des Menschen in einer Gesellschaft regeln soll, zusammenbricht und durch ein anfälliges System äußerer Ordnungsmaßnahmen
ersetzt werden muß.

Uneheliche Geburten

Eine weitere Erscheinung sozialen Zerfalls sind uneheliche Geburten, die zusammen mit den anderen Symptomen der Desintegrierung zunehmen. Der australische Statistiker W. R. Lyster fand, »daß die Zunahmeraten von Kriminalität und unehelichen Geburten miteinander gekoppelt sind. In England und Wales ist seit 1955 die Zahl dieser Geburten von 4,7 auf 7,8 pro 100 Geburten gestiegen; gleichzeitig stieg die Kriminalität von 45 Fällen auf 120 je 10000 Einwohner; beides hat sich mehr als verdoppelt«. Uneheliche Geburten kosten unseren Staat jährlich 52 Millionen Pfund Sterling. In Slums und anderen Teilgesellschaften, die höhere Stadien sozialer Desintegration erreicht haben, sind bis zu 70 Prozent aller Kinder unehelich. Auch die Zahl der Kindesaussetzungen nimmt zu. In einer stabilen Gesellschaft gibt es diese Erscheinung nicht.

Alkoholismus

Für jede bestimmte Kulturform gibt es eine optimale Rate des Alkoholgenusses. Mit zunehmender Zersetzung der Gesellschaft steigt sie in direktem Verhältnis zu dem Grad der Auflösung. 1967 zeigte sich eine deutliche Zunahme der Fälle von Volltrunkenheit in England und Wales gegenüber den Vorjahren, wie erwartet in erster Linie in den großen Städten. In London wurden 476,43 Fälle auf 10000 Einwohner registriert. Mit sehr bezeichnender Unkenntnis der Zusammenhänge ließ das Innenministerium verlauten: »Es lassen sich keine Ursachen für diese Erscheinung finden. Die Bestimmungen über die Vergabe von Schankgenehmigungen haben sich nicht wesentlich geändert.«
Der Alkoholismus verursacht jährlich Unkosten in Höhe von rund 250 Millionen Pfund Sterling, hauptsächlich durch Fernbleiben von der Arbeit. Von je 1000 Arbeitnehmern sind etwa sieben echte Trinker. Es gibt in England etwa 400000 Alkoholiker. Ihre Zahl steigt ständig.

Geisteskrankheiten

Sozialer Zerfall ist eine Hauptursache für seelische und geistige Erkrankungen. Eine Person, der die wichtigsten sozialen und physischen Umweltbedingungen vorenthalten werden, kann sich keine Kompensation schaffen oder vermag sich nicht den Einflüssen, die ihr unerträglich werden, zu entziehen und versucht dies dann mit Ersatzmitteln wie Drogen und Alkohol. Ihre Verhaltensstruktur, die sich nicht weiter an eine Umwelt anpassen läßt, für die sie nicht geschaffen ist, tendiert zum Zusammenbruch. Als letzte, durch äußerliche Einflüsse unangreifbare Verteidigungsposition verbleibt immer die Phantasie, die diejenigen Umweltfaktoren herstellen kann, die real vermißt werden, aber dringend erforderlich wären.

Es gibt sehr deutliche Anzeichen dafür, daß die Mitglieder einer Gesellschaft, deren Kultur unter Fremdeinflüssen zusammenbricht, besonders für geistige Defekte prädestiniert sind. So wie die nationalen Grenzen zusammenbrechen können, so zerfallen auch die Kulturformen, wenn kleine gewachsene Gemeinschaften von städtischen Bevölkerungskonglomeraten aufgesogen werden, die Mobilität zunimmt und die Menschen beginnen, auf der Suche nach besser bezahlter Arbeit umherzuirren.

In England nehmen die geistigen Defekte geradezu beängstigend zu. Eine Statistik des Gesundheitsministeriums weist aus, daß 1967 wegen Geisteskrankheiten 169160 Menschen in Heilanstalten eingewiesen wurden, zweieinhalbmal soviel wie 1951.

1967 gab es insgesamt 600000 geistig gestörte Patienten in England und Wales, von denen 186901 oder 46,6 Prozent aller verfügbaren Krankenhausbetten belegt wurden. 32 Millionen Arbeitstage gingen durch geistige Defekte verloren; die dadurch der Nation entstandenen Verluste belaufen sich auf 100 Millionen Pfund Sterling. Lokale Verwaltungen wie Stadtgemeinden gaben 250000 Pfund Sterling für die geistige Wiedergesundung aus, mehr als sechsmal soviel wie 1957.

Selbstmorde

Nach Emile Durkheim ist der Selbstmord die letzte Manifestation der Vereinsamung (Anomie). Die Selbstmordrate ist in armen ländlichen Gemeinden, in denen die Sozialstruktur noch kaum geschädigt ist, besonders niedrig, aber hoch in den nichtintegrierten Gesellschaften, besonders unter den Werktätigen und Einwanderern. Durkheim stellte sogar fest, daß sich die Selbstmordrate umgekehrt proportional dem Grad des Zusammenschlusses von Sozialgruppen verhält, denen der einzelne angehört.

In Großbritannien ist die Zahl der Selbstmorde in den letzten sechs Jahren um etwa 200 Fälle jährlich zurückgegangen. Dennoch ist aber nach Angabe der Samariter, einer Hilfsorganisation für depressive und zum Selbstmord neigende Personen, in den letzten zwei Jahren die Zahl der potentiellen Selbstmörder auf ungefähr das Doppelte gestiegen. 1967 meldeten die sieben Londoner Niederlassungen der Samariter 5999 und

1969 bereits weitere 11 641 Hilfsfälle. Man erwartet, daß diese Zunahme weiter anhält.

Alles deutet darauf hin, daß die sozialen Krankheitserscheinungen unserer Gesellschaft wie zunehmende Kriminalität, Zerstörungssucht, Alkoholismus und Rauschgiftsucht in Wechselwirkung stehen und Symptome des Zerfalls der Kulturstruktur darstellen, die wiederum eine Folge der Auflösung unserer Gesellschaft ist. Weiteres Bevölkerungs- und Wirtschaftswachstum muß diese Folgen verschärfen. Es ist ein Irrglaube, wenn man meint, man könne diese Erscheinungen durch äußere Maßnahmen eindämmen oder sie auch nur voneinander isoliert bekämpfen, ohne Berücksichtigung des sozialen Krankheitsherds, dessen Symptome sie darstellen. Die eigentliche Ursache, unkontrolliertes Wirtschafts- und Bevölkerungswachstum, muß bekämpft werden. Solange dagegen keine radikalen Maßnahmen ergriffen werden, werden auch die Symptome zunehmen und sich verschärfen, bis sie eine derartige Belastung der Gesellschaft darstellen, daß weiteres Wachstum unterbunden wird.

Bevölkerung und Ernährung

Anhang C

Es ist eine weitverbreitete und fast selbstverständlich erscheinende Annahme, daß die Zahl der Menschen auf der Erde vom Urbeginn der menschlichen Existenz an stetig gewachsen ist, wann immer das die Verhältnisse zuließen. Man behauptet, daß während der 100 000 Generationen, in denen unsere Vorfahren als Sammler ihr Dasein fristeten, die Schwierigkeiten des Lebensunterhalts so groß gewesen seien, daß die Bevölkerungszahl durch Nahrungsmittelmangel scharf beschränkt gewesen sei. Dann, mit dem Beginn des Ackerbaus, vor 200 bis 300 Generationen, habe die neuentwickelte Art der Nahrungsmittelbeschaffung das Bevölkerungswachstum ermöglicht, das aufs Ganze gesehen nur noch durch Krankheiten beschränkt gewesen sei. Schließlich hätten dann die modernen Methoden der Gesundheitsfürsorge, besonders sanitäre Maßnahmen und Geburtshilfe, zu dem raschen Wachstum geführt, das man heute als Bevölkerungsexplosion bezeichnet.

Es ist aber viel naheliegender, daß viele menschliche Gesellschaften vor der Einführung des Ackerbaus – und manche auch noch danach – stabil im unmittelbaren Sinn des Wortes waren, das heißt, daß ihre Größe nicht durch Hunger, Krankheiten oder Kriege konstant gehalten wurde, sondern durch kulturelle Faktoren, deren Wirkung wir erst gerade zu verstehen beginnen. Diese Faktoren werden in erster Linie durch das verantwortliche Verhalten jedes Gesellschaftsmitgliedes bestimmt. Bei den Buschmännern zum Beispiel versagen sich die Frauen der Empfängnis, solange sie noch ein Kind stillen. Unter den sehr harten Bedingungen dieser Menschen wäre es schwierig, zwei Kleinkinder am Leben zu erhalten. Bis zum Zweiten Weltkrieg zeigte die französische Bevölkerung eine relativ hohe Stabilität, in erster Linie weil die Menschen ein ausgeprägtes Verantwortungsgefühl hatten. Ein junger Mann wollte nicht heiraten, ehe er eine Frau finanziell unterhalten konnte, und zeugte auch keine Kinder, ehe er sich in der Lage fühlte, sie auch in angemessener Form aufzuziehen. Wenn eine emotionelle Motivation vorhanden ist, werden meist auch

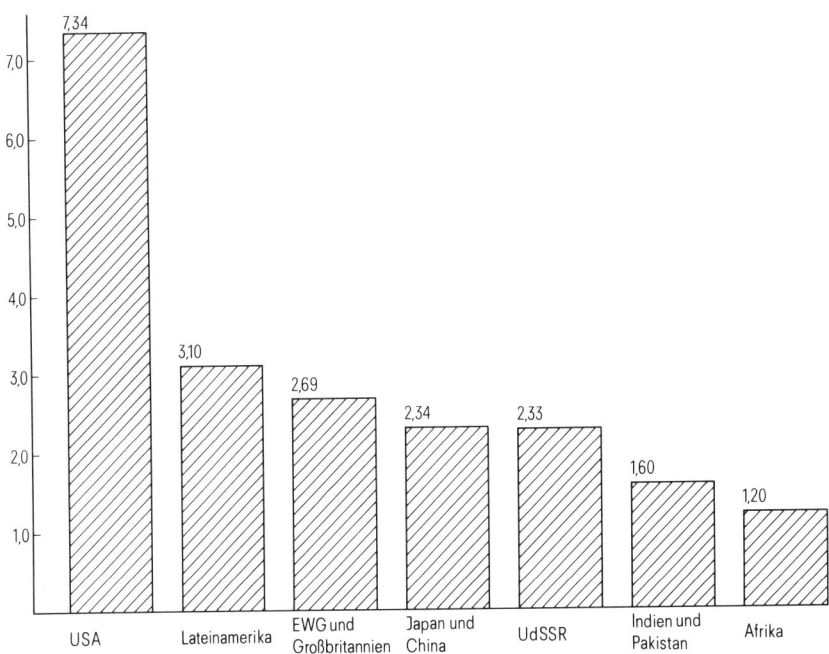

Abb. 4: Jährliche Zunahme des Bruttosozialprodukts infolge Bevölkerungswachstums (in Millionen US-Dollar).

die Mittel gefunden, sich entsprechend zu verhalten. Es hat deshalb wenig Sinn, wirksame Möglichkeiten zur Empfängnisverhütung zu schaffen, wenn die kulturellen Antriebe nicht vorliegen, die notwendig sind, um eine Bevölkerung stabil halten zu können. Auf den Philippinen wollen die meisten Frauen mehr als sechs Kinder haben, weil es so Sitte ist. Hätte es einen Sinn, ihnen Antibaby-Pillen zu geben?

Der Kern des Problems ist die Frage, wie man in der gegebenen Umwelt leben kann, ohne ständig Hunger zu haben, obwohl der Mensch dazu grundsätzlich fähig ist. Wenn das aber praktisch nicht notwendig werden soll, müssen wir die Geburtenrate senken, um einen Ausgleich für die fallende Sterberate zu schaffen. Dies ist zwar schwierig, aber noch viel schwieriger ist es, für eine ständig wachsende Bevölkerung Nahrung zu beschaffen. Dabei stehen wir vor der Tatsache, daß bis heute alle Versuche, die Geburtenrate zu senken, wirkungslos waren und selbst dann, wenn sie erfolgreicher wären, im globalen Rahmen kaum so schnell eine

Reduzierung der Wachstumsrate hervorrufen könnten, wie es zur Vermeidung einer akuten Krise durch Nahrungsmittelmangel notwendig wäre.

Es wird behauptet, daß steigender Lebensstandard von selbst das Bevölkerungswachstum beschränken werde, wenn innerhalb der Familien die Zahl der wirtschaftlich Abhängigen zuungunsten der Verdiener steigt und dadurch ein wirtschaftlicher Druck entsteht. Die Erfahrung beweist das Gegenteil, ungeachtet der Tatsache, daß in Europa die Familien durch eine geringere Kinderzahl mit steigendem materiellem Wohlstand kleiner geworden sind. Es ist jedoch unmöglich, daß der gleiche Vorgang auch weltweit ablaufen kann. Unser Planet besitzt nicht die Rohstoffvorräte für eine Industrialisierung dieses Ausmaßes. Und selbst wenn er diese Vorräte besäße, würde ein solches Ausmaß von industrieller Tätigkeit so viele Schadstoffe freisetzen, daß die Ökosphäre sie keinesfalls mehr verarbeiten könnte. Und selbst in diesem Fall würde die Bevölkerung noch immer über einen gewissen Zeitraum steigen, so daß dann ein um so katastrophalerer Zusammenbruch erfolgen müßte.

Die englische Bevölkerung nimmt um 0,5 Prozent jährlich zu und hat eine Verdoppelungszeit von 138 Jahren. Dieses Wachstum ist sehr viel geringer als das der gesamten Menschheit (1,9 Prozent jährlich), aber in einer Industriegesellschaft verbraucht jeder einzelne im Weltdurchschnitt sehr viel mehr Rohstoffe und erzeugt entsprechend sehr viel mehr Schadstoffe als im Weltdurchschnitt. Die US-Bevölkerung belastet zum Beispiel, wie Wayne Davies[35] berechnete, die Umwelt 25mal stärker als die indische Bevölkerung. Daraus und aus den Bevölkerungszahlen ergibt sich, daß die Umweltbelastung der USA der einer Bevölkerung von fünf Milliarden Indern entspricht. In den ökologischen Auswirkungen ist deshalb der relativ geringe Bevölkerungszuwachs der Industrienationen von größerer unmittelbarer Bedeutung als der in den unterentwickelten Staaten.

Wieweit kann die Erde den Nahrungsmittelbedarf für die Gesamtbevölkerung entsprechend den Hochrechnungen über die Bevölkerungszunahme liefern? Mehr Nahrungsmittel lassen sich durch Vergrößerung der bebauten Fläche und durch Steigerung der Erträge pro Flächeneinheit bereitstellen. Die gegenwärtigen Programme der FAO sehen vor allem eine Ertragssteigerung des Kulturlandes vor.

Die Vergrößerung der Anbaufläche durch Neukultivierung von Brachland erfordert relativ hohe Investitionen und bringt nur beschränkte Erträge. Das vorhandene Kapital wird zur Verbesserung der Anbaumethoden auf dem bestehenden Kulturland wirkungsvoller genutzt. Die noch ungenutzten Landflächen, die sich für landwirtschaftlichen Anbau eignen, sind begrenzt. Es läßt sich abschätzen, daß alles in Frage kommende Neuland bereits innerhalb einer Dekade bebaut werden müßte, wenn die notwen-

Tabelle 10: Veränderungen der Bodennutzung 1882–1952 (in Millionen Hektar).

	1882	%	1952	%	Änderung absolut	%
Waldungen	5,2	45,4	3,3	29,6	−1,9	− 36,8
Wüsten und wüstenähnlich	1,1	9,4	2,6	23,3	+1,5	+140,6
überbaut	0,87	7,7	1,6	14,6	+0,73	+ 85,8
Weiden	1,5	13,4	2,2	19,5	+0,7	+ 41,9
Ackerland	0,86	7,6	1,1	9,2	+0,24	+ 24,5
	9,53	83,5	10,8	96,2	+1,27	+ 12,9
Brachland	1,81	16,5	0,27	3,8	−1,54	− 79,9
Summe	11,34	100	11,07	100	−0,27	− 2,4

dige Steigerung der Nahrungsmittelproduktion allein durch Neukultivierung erreicht werden sollte[36]. Von der gesamten Landfläche der Erde werden gegenwärtig nur rund zehn Prozent landwirtschaftlich genutzt[37]; denn der größte Teil der Erdoberfläche besteht aus vereisten Polargebieten, Flächen mit dauernd gefrorenem Boden, aus Wüsten, Waldgebieten sowie Städten und Industriegebieten. Gelegentlich wird vorgeschlagen, die noch vorhandenen tropischen Urwälder, besonders die des Amazonasbekkens, in landwirtschaftliche Nutzflächen umzuwandeln. Es ist fraglich, ob derartige Pläne erfolgreich sein würden, selbst wenn die Mittel verfügbar wären, sie praktisch auszuführen. Versuchsabholzungen der Urwälder in Zentralamerika haben ergeben, daß die Beseitigung der üppigen Vegetation sofort einen Erosionsprozeß mit Wüstenbildung in Gang setzt. Der Vorgang ist nahezu irreversibel, da die organische Materie in diesem Fall sehr rasch mineralisiert wird. Die unstabilen Böden Amazoniens haben zwar Mächtigkeiten bis zu 20 Metern, erodieren aber rasch, sobald sie ungenützt dem äquatorialen Klima ausgesetzt werden. Dieses selbst würde aber bestimmt durch die Abholzung riesiger Waldflächen ebenfalls ungünstig beeinflußt werden. Als Chruschtschow die Waldflächen Kasachstans abholzen ließ, um Anbauflächen zu gewinnen, erzeugte er eine Staubfläche, die so groß ist wie die gesamte landwirtschaftliche Anbaufläche Großbritanniens.

Die gesamte bebaute und bebaubare Festlandfläche beträgt nach amerikanischen Berechnungen aus dem Jahr 1967 etwa acht Millionen Acres. Obwohl noch eine Steigerung möglich ist, erscheint es recht unwahrscheinlich, daß genügend finanzielle und materielle Mittel zur Verfügung stehen, um höhere statt sinkende Erträge von dieser Gesamtfläche zu erzielen. In der UdSSR, in China, Asien und Europa gibt es kaum noch Brachland für Neuerschließungen. Die Erweiterung der Anbauflächen in den Trockengebieten des Mittleren Ostens und Nordafrikas wäre nur mit riesigen Mengen an Frischwasser zur Bewässerung möglich, die gegenwärtig nicht vorhanden sind und auch in absehbarer Zukunft nicht verfügbar sein werden. Die Vereinigten Staaten könnten ihre gesamte Anbaufläche noch um etwa ein Sechstel erhöhen.

Es ist jedoch zu befürchten, daß tatsächlich die Anbauflächen mit dem zunehmenden Flächenbedarf der Städte und Industriegebiete zurückgehen und zu Straßen, Flughäfen, Eisenbahnlinien und dergleichen werden. Von 1882 bis 1952, also in 70 Jahren, ist die gesamte überbaute Landfläche der Erde von 0,87 Millionen auf 1,6 Millionen Hektar gestiegen. Sie wird im Jahr 2000, wenn 81 Prozent der Bevölkerung der Industrienationen und 43 Prozent der Bewohner unterentwickelter Gebiete in Stadtgebieten leben, noch viel weiter angewachsen sein (Tabelle 11).

Die Intensivierung des Anbaus verursacht, sobald ein gewisser kritischer Punkt überschritten wird, der von Klima und Bodentyp abhängt, Bodenschädigungen und in vielen Fällen auch Erosion. In zahlreichen Industrienationen ist diese Erscheinung bereits ein Problem geworden. Die Ausbreitung von Monokulturen, die Verwendung von großen Mengen von Kunstdüngern, die Nutzung landwirtschaftlicher Maschinen und in einigen Gebieten auch Bodenüberlastung durch eine zu hohe Zahl landwirtschaftlich genutzter Tiere pro Flächeneinheit tragen zur Schädigung der Bodenstruktur bei und verringern die Fähigkeit zur Regulierung des Wasserhaushalts und damit auch die Wirksamkeit löslicher Dünger. Künstliche Bewässerung kann dann zur Versauerung oder aber zur Versalzung führen, während die Anwendung größerer Grundwassermengen wiederum zu einer Senkung des Grundwasserspiegels und damit zu einer Zustandsverschlechterung in der Zukunft führt.

Bodenschäden wurden auch in England beobachtet, obwohl dort die Bodenbeschaffenheit und das Klima nahezu ideale landwirtschaftliche Bedingungen schaffen. Bei extremen klimatischen Verhältnissen und ärmeren Böden kommt es rascher zur Erosion. Wenn sie einmal eingesetzt hat, kann sie sich immer weiter ausbreiten. Wenn die ärmeren Böden ausfallen, wird die Belastung der ertragreicheren noch größer, weil sie dann noch intensiver genutzt werden müssen. Dadurch erhöht sich selbstverständlich die Gefahr weiter (Tabelle 11).

Da der Landbedarf mit der Bevölkerung wächst und diese exponentiell zunimmt und schätzungsweise pro Kopf 0,4 Hektar für landwirtschaftliche Erträge und 0,08 Hektar als durchschnittlicher Lebensraum erforderlich sind, wurde für den Meadows-Bericht[38] errechnet, daß im Jahr 2000

Tabelle 11: Qualität des landwirtschaftlich genutzten Bodens.

	1882 %	1952 %
gut	85,0	41,2
Humusdecke zur Hälfte erschöpft	9,9	38,5
ausgebeutet und verloren	5,1	20,3

die verfügbare Landfläche um 250 Millionen Hektar gesunken, der Landbedarf aber um 2,4 Millionen Hektar gestiegen sein wird. Zwischen 1980 und 1990 muß deshalb der Landbedarf die zur Verfügung stehende Landfläche überholen. Gleichzeitig ergibt sich aber, daß selbst eine Verdoppelung der Erträge pro Flächeneinheit den Nahrungsbedarf nur für 30 weitere Jahre sichern kann. Eine Vervierfachung der Erträge, die niemand ernsthaft für realistisch hält, könnte nur den Nahrungsbedarf für 60 weitere Jahre decken. Mit der Verdoppelung der Bevölkerung in jeweils 30 Jahren müßten auch die Erträge in jeweils drei Jahrzehnten verdoppelt werden.

Großbritannien besitzt zwar eines der günstigsten landwirtschaftlichen Systeme auf der Erde, trotz hoher Investitionen ist aber der Ertrag nur um 35 Prozent gestiegen, wenn man die Preissteigerungen berücksichtigt. Weitere Ertragssteigerungen sind in nennenswertem Maß nicht mehr zu erwarten. Die Landwirtschaft in den unterentwickelten Ländern kann aber nicht mit gleichen Investitionen rechnen wie die britische. Aber selbst wenn sie es könnte, würde dies nicht ausreichen, um selbst die gegenwärtigen Nahrungsmittelmengen pro Kopf, die insgesamt ungenügend sind, aufrechtzuerhalten. Trotz der Grünen Revolution zeigt die Ernährungslage der Erde keine Anzeichen dafür, daß sich die Situation verbessert. Es besteht kaum Aussicht, daß die Planziele der FAO für 1985 erreicht werden.

Lokale Notstände wurden in den letzten Jahren durch Nahrungsmittellieferungen aus den Lagerbeständen, die besonders aus Nordamerika stammten, gelindert. Die Vorräte sind weitgehend erschöpft. Auch dieser Notvorrat entfällt künftig.

Der Nahrungsmittelproduktion sind bestimmte biologische Grenzen gesetzt. Zur Pflanzenentwicklung ist ein sehr kompliziertes Gemisch von unterschiedlichen Nährstoffen erforderlich, das sich der Regelung durch den Menschen entzieht. Selbst von den Grundvoraussetzungen, Sonnenlicht, Wasser und Nährsalzen, hat der Mensch lediglich die letzteren im Griff und kann sie produzieren, und dennoch vermindert die Anwendung von Kunstdüngern, wenn sie ein bestimmtes Maß überschreitet, die Er-

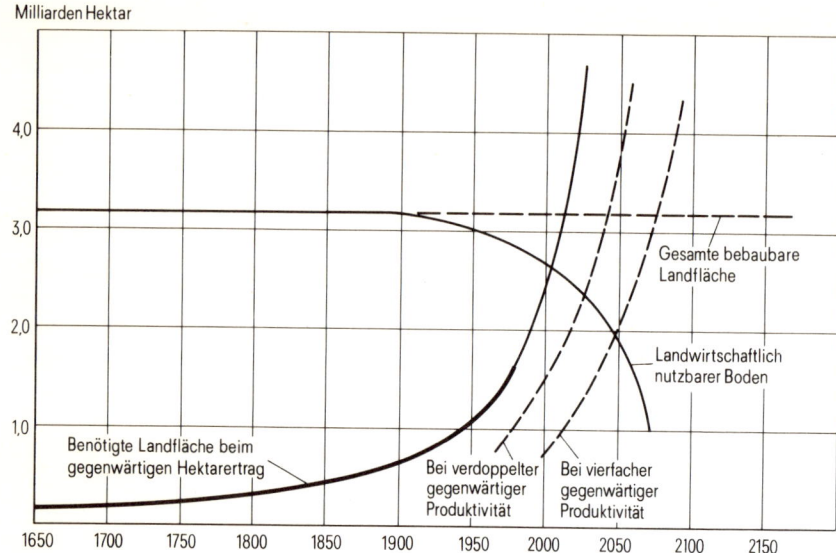

Abb. 5: Auf der Erde gibt es etwa 3,2 Milliarden Hektar nutzbares Land. Jeder Mensch benötigt bei der gegenwärtigen Produktionsrate etwa 0,4 Hektar zu seiner Ernährung. Der Kurvenverlauf spiegelt den Verlauf des Bevölkerungswachstums wider. Dünn ausgezogen sind die Linien des hochgerechneten Landbedarfs nach 1970 unter der Voraussetzung, daß die Bevölkerung sich entsprechend der gegenwärtigen Wachstumsrate weiter vermehrt. Die Gesamtfläche nutzbaren Landes sinkt mit wachsender Bevölkerung, Städtebau und Industrialisierung. Die gestrichelten Kurven zeigen den Bedarf an landwirtschaftlich nutzbarem Land, wenn die gegenwärtige Produktivität verdoppelt beziehungsweise vervierfacht wird.

träge sehr viel stärker, als dies Versuche unter Laborbedingungen erkennen lassen. Die Ertragssteigerung um elf Prozent in den USA zwischen 1949 und 1968 erforderte eine Steigerung des Einsatzes von Stickstoffdüngern um 648 Prozent.

Chemische Produkte für die Landwirtschaft sind biologisch wirksam, wenn sie aber in sehr großen Mengen angewandt werden, behindern sie die Lebensprozesse. Nicht nur viele Pestizide, die das zentrale Nervensystem schädigen, die Hormonproduktion beeinflussen und teilweise auch krebserregend wirken, sondern auch viele Kunstdünger sind unter bestimmten Umständen gesundheitsschädlich. Es ist nicht möglich, exakt festzustellen, in welchem Ausmaß die krebserregenden und Mutationen hervorrufenden Stoffe in der Umwelt wirksam werden, weil es einfach

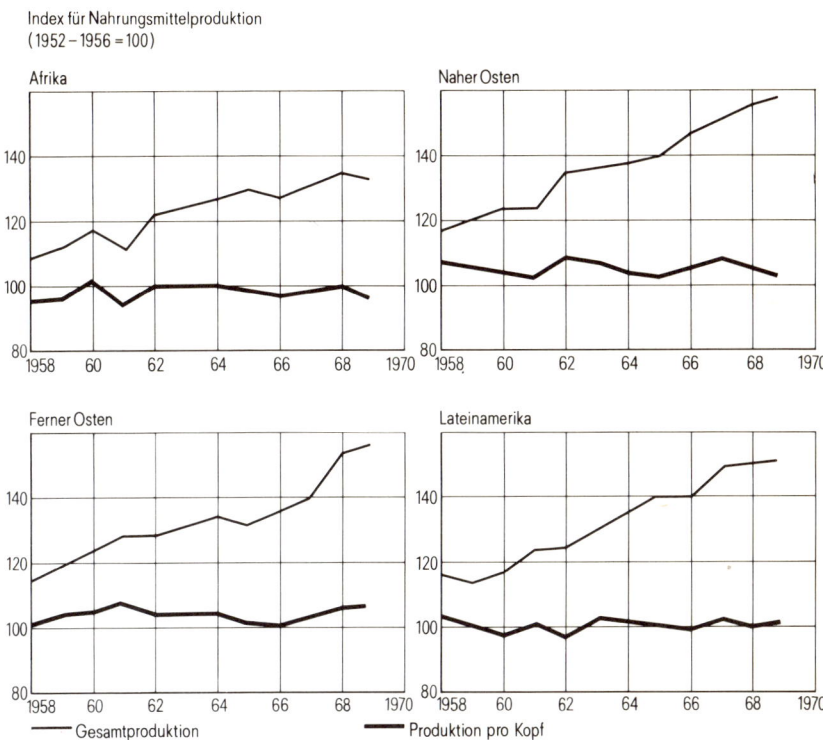

Index für Nahrungsmittelproduktion
(1952–1956 = 100)

Gesamtproduktion · · · Produktion pro Kopf

Abb. 6: In den nichtindustrialisierten Ländern der Erde hat die gesamte Nahrungsmittelproduktion ungefähr denselben Stand wie die Bevölkerungszahl. So ist die Nahrungsmittelproduktion pro Kopf nahezu konstant geblieben, auf einem sehr niedrigen Stand.

unmöglich ist, die gegenseitigen Wechselwirkungen zwischen verschiedenartigen Schadstoffen sowie zwischen Schadstoffen und natürlichen Verbindungen zu verfolgen und mengenmäßig zu bestimmen. Kunstdünger,
die in die Wasserläufe geschwemmt werden, wirken eutrophierend, und
Pestizide gelangen in die Nahrungskette, zerstören Schädlingsvernichter
und führen auf die Dauer zur Vermehrung statt zur Verminderung von
Schädlingen. Chlorierte Kohlenwasserstoffe wirken extrem giftig auf
Fische. Mit Sicherheit gibt es eine obere Grenze für die Menge der Schadstoffe aus der Landwirtschaft, welche die Ökosphäre gerade noch ertragen
kann.
Die Wirksamkeit der Pestizide wird dadurch vermindert, daß Insekten
und Mikroorganismen resistente Stämme bilden. Die Resistenz wird auf

Tabelle 12: Zunahmeraten 1951–1966 verschiedener Produktionszweige im Verhältnis zur Nahrungsmittelproduktion (Weltdurchschnitt).

	Prozent
Nahrungsmittel	34
Traktoren	63
Phosphate	75
Nitrate	146
Pestizide	300

dem Weg der natürlichen Auslese vererbt – ein Vorgang, der sich in allen Gebieten der Biologie zeigt. Gegenwärtig zählt man auf der Erde schon rund 250 Arten von schädlichen Insekten, die gegen die meisten Pestizide immun geworden sind[39].

Die Intensivierung der Landwirtschaft in vielen Teilen der Dritten Welt würde bessere Verkehrssysteme zum Antransport von Düngern, Pestiziden, Maschinen und Saatgut sowie zum Abtransport der Ernten erforderlich machen. Es ist fraglich, ob das hierfür erforderliche Kapital und der Treibstoff zur Verfügung gestellt werden können.

Jede Hoffnung, die landwirtschaftliche Weltproduktion lasse sich erhöhen, so daß der zunehmende Bedarf der zu erwartenden Bevölkerungszunahme befriedigt werden kann, ist unrealistisch. Die Vorstellung, die Erträge ließen sich alle 30 Jahre mit technischen Mitteln erhöhen, ist reine Phantasie. Voraussagen dieser Art können sich nur »Experten« zusammenreimen, welche die grundlegenden ökologischen, physikalischen und biologischen Gegebenheiten nicht berücksichtigen, weil es ihnen hierfür an Wissen fehlt.

Eine Intensivierung der Landwirtschaft kann den Hunger in den nächsten 15 bis 20 Jahren nicht beheben, der besonders in Asien, Afrika, dem Nahen Osten und Lateinamerika auftreten wird.

Auch alle Versuche, den Proteinbedarf durch Fischereierträge zu decken, versprechen keine Lösung. Die Ozeane sind schweren Belastungen durch Schadstoffe ausgesetzt, welche das Phytoplankton, die Grundlage der biologischen Pyramide im Meer, schädigen. Außerdem sind sie vielleicht jetzt schon ausgefischt. 1969 zeigten die Fischereierträge zum erstenmal seit einem Vierteljahrhundert keine Zunahme, obwohl die Industrienationen hohe Beträge zur Verbesserung ihrer Fangmethoden investiert hatten. Die Fischereifahrzeuge erfassen heute tiefere und auch sehr entfernt liegende Fanggründe, und die Industrienationen müssen zur Amortisation ihrer Investitionen in kurzer Zeit die Erträge erhöhen. Bei diesem Versuch besteht die Gefahr, daß die Fischbestände so ausgeplündert werden, daß

in einem oder zwei Jahrzehnten der Beitrag der Fischerei zur Welternährung beträchtlich fallen statt steigen wird. Und selbst wenn es für kurze
Zeit eine Ertragszunahme geben sollte, wird dies den Entwicklungsländern
überhaupt nichts nützen, da sie nicht die Mittel besitzen, bei einem derart
kapitalintensiven Unternehmen mitzumachen. Gegenwärtig werden etwa
20 Prozent des gesamten Fischereiertrags in der Dritten Welt verzehrt.

Nichtregenerierbare Rohstoffe

Anhang D

Die sich nicht regenerierenden Rohstoffe unterteilen sich in zwei Gruppen: Metalle und Brennstoffe. Die 16 als Rohstoffe bedeutendsten Metalle sind:
Silber (Ag), Aluminium (Al), Gold (Au), Kobalt (Co), Chrom (Cr), Kupfer (Cu), Eisen (Fe), Quecksilber (Hg), Mangan (Mn), Molybdän (Mo), Nickel (Ni), Blei (Pb), Platin (Pt), Zinn (Sn), Tungsten (W), Zink (Zn).
Wie Abbildung 2 zeigt, werden beim gegenwärtigen Verbrauch alle Vorräte dieser Metalle bis auf Aluminium, Kobalt, Chrom, Eisen, Mangan und Nickel bis in 100 Jahren erschöpft sein. Wenn man jedoch die Zuwachsrate des Verbrauchs seit 1960 berücksichtigt, werden die Vorräte schon in einem halben Jahrhundert erschöpft sein. Chrom und Eisen reichen dann noch etwa für weitere 40 Jahre.
Diese Überschlagsrechnung ergibt jedoch kein vollständiges Bild; denn zweifellos wird man noch neue Lagerstätten entdecken, neue Gewinnungsmethoden entwickeln und außerdem Ersatzstoffe schaffen, die unabhängiger von den Vorräten machen. Das trifft auch auf Maßnahmen zur Wiederverwendung von Abfällen zu. Allerdings kann auch durch Prozesse zur Wiederverwendung, so wichtig diese für eine stabile Gesellschaft sind, ein steigender Bedarf nicht befriedigt werden, da solche Prozesse keine Rohstoffquelle darstellen, sondern nur ein Konservierverfahren. Auch Kunststoffe und andere Ersatzstoffe entstehen nicht aus dem Nichts, sondern aus Ausgangsstoffen, deren wichtigste ebenfalls knapp sind. Petroleum zum Beispiel, der Ausgangsstoff für zahlreiche Polymere, wird noch zu Lebzeiten der Menschen, die heute geboren werden, erschöpft sein und etwa nach dem Jahr 2000 immer knapper und damit auch zunehmend teurer werden. Verbesserungen der Gewinnungstechnik sind auf alle Fälle erforderlich, wenn man die mageren Lagerstätten mit der zunehmenden Verknappung ausbeuten muß. Exponentielle Zunahme des Verbrauchs führt jedoch unvermeidlich dazu, daß die noch verfügbaren Lagerstätten rascher verarmen, als die Gewinnungstechnik verbessert werden

kann, und deshalb die Unkosten rasch steigen. William W. Behrens[40] bewies außerdem, daß die Dynamik des exponentiellen Wachstums die Nutzungsdauer neu entdeckter Vorkommen reduziert.

Wenn man zum Beispiel annimmt, daß die Vorräte an Eisen (die relativ hoch sind) doppelt so hoch seien, als dies tatsächlich der Fall ist, würde dadurch die Erschöpfung der Eisenvorräte nur um zwei Jahrzehnte hinausgeschoben. Beim gegenwärtigen Verbrauch und bei anhaltenden Verbrauchs-Zuwachsraten werden die meisten Rohstoffe innerhalb der nächsten 100 Jahre praktisch unerschwinglich teuer werden. Diese Entwicklung wird schon viel früher schwere politische Konflikte hervorrufen.

Um den Lebensstandard der 3,4 Milliarden Menschen auf der Erde außerhalb der USA auf den Lebensstandard der Einwohner der USA anzuheben, müßte nach Preston Cloud[41] die Förderung von Eisen, Zink, Blei und anderen Rohstoffen auf das Hundert- bis Zweihundertfache der heute gewonnenen Mengen gesteigert werden. Und obwohl dies bereits erhebliche Schwierigkeiten bereiten würde, wären diese belanglos im Vergleich zu den Anstrengungen, die gemacht werden müßten, wenn man dies für eine doppelt so hohe Menschenzahl erreichen wollte, wie sie bereits in weniger als 40 Jahren die Erdoberfläche bevölkert. Dennoch aber erhoffen die Industrienationen eine ständige Zunahme des Metallverbrauchs und speisen die nichtindustrialisierten Völker mit den leeren Versprechungen ab, auch sie könnten einen »Wohlstand« wie den unsrigen erreichen.

Nur Denkakrobaten, die meinen, die Technik werde, komme was auch immer wolle, alle diese Probleme lösen – außer der Verbrauch gehe zurück –, können wirklich an solche Möglichkeiten glauben. Diese Leute reden sich besonders gern ein, daß in naher Zukunft riesige Energiemengen billig zur Verfügung stünden, um den geringen Metallgehalt normalen Gesteins und des Seewassers zu nutzen. Aber Energie ist bereits sehr billig; der Wert der jährlich freigesetzten Energiemengen beträgt nur 4,6 Prozent der gesamten Industrieproduktion[42]. Und die Grenze dieser kühnen Vorhaben ist auch nicht der Energiemangel, sondern die Verletzlichkeit der Ökosphäre. Granit enthält nutzbare Metalle im Verhältnis zu taubem Gestein nur in Konzentrationen von $1:2000$. Wollte man aus Gestein und Seewasser Rohmaterialien in nutzbaren Mengen gewinnen, würden wir sehr rasch in den Abfallstoffen ersticken, für die es keine Möglichkeiten zur Beseitigung mehr gäbe.

Energie

Der Hauptanteil des heutigen Energiebedarfs wird aus fossilen Brennstoffen gedeckt, hauptsächlich Kohle und Erdöl, deren Vorräte ebenso wie die

der Metalle begrenzt sind. Wenn man die gegenwärtigen Zunahmeraten
des Verbrauchs zugrunde legt, werden die bekannten Erdgasvorkommen
in bereits 14 Jahren, die Petroleumlager in 20 Jahren erschöpft sein. Die
Kohlenlager könnten zwar noch 300 Jahre vorhalten, aber fossile Brennstoffe werden außer zur Energiegewinnung für so viele andere Zwecke
ebenfalls gebraucht, zum Beispiel als Ausgangsstoffe für die chemische
Industrie, daß es sehr unvernünftig wäre, sie ausschließlich zur Energiegewinnung zu verbrauchen[43].

Diese Erkenntnis hat dazu geführt, daß die Energiegewinnung durch
Kernspaltung nachdrücklich gefördert wird. Die Vorkommen an natürlichem spaltbarem Uran 235 sind jedoch recht gering und dürften schon
um die Jahrtausendwende recht knapp werden[44]. Die Zukunft der Versorgung mit Kernenergie hängt deshalb weitgehend von der Entwicklung von
Brüter-Kernkraftwerken ab, die den Neutronenüberschuß bei der Spal-
tung von Uran 235 zur Umwandlung von nichtspaltbarem Uran 238 und
Thorium 232 in die Kernbrennstoffe Plutonium 239 und Uran 233 zu
nutzen vermögen und dabei mehr spaltbares Material erzeugen, als sie
verbrauchen. Ihre Entwicklung zur Einsatzfähigkeit würde den Energiebedarf wahrscheinlich für ein Jahrtausend sichern. Dann stünde genügend
Zeit zur Verfügung, um die Energiefreisetzung durch gesteuerte Kernfu-
sion zu entwickeln, die uns tatsächlich praktisch unerschöpfliche Energiemengen liefern würde.

Da die Entwicklung von nutzungsfähigen Brüter-Kernkraftwerken vor der
Erschöpfung der fossilen Brennstoffe durchaus möglich ist, stellen die
Brennstoffvorräte wahrscheinlich keinen begrenzenden Faktor für das
Wachstum dar. Das ist ohne Bedeutung, da die Knappheit an anderen
Rohstoffen, die Freisetzung radioaktiver Schadstoffe und die Abwärme
eine weitere Zunahme des Energieverbrauchs dennoch bremsen werden.

Jeder Energieumsatz erzeugt Abwärme, in die Umwelt abstrahlende Wär-
memengen. Kraftwerke »lösen« – in ihrem Bereich – dieses Problem durch
große Kühlwassermengen oder in geringerem Ausmaß durch Luftkühlan-
lagen. Der Nachteil der Kühlung durch Wasser besteht darin, daß die
zugeführte Wärme das ökologische System der Wasserläufe schädigt. Die
Wärmeabführung in die Luft verringert aber den Wirkungsgrad der An-
lage, da die Lufttemperaturen im Durchschnitt beträchtlich höher sind als
die Wassertemperaturen.

Der Wirkungsgrad ist ein großes Problem. In den USA werden zwar zehn
Prozent der gesamten praktisch genutzten Energie als Elektrizität geliefert, aber zu deren Erzeugung sind 26 Prozent des Brutto-Energieumsatzes
notwendig. Nach Earl Cook[45] soll bis zum Jahr 2000 der Anteil der Elektrizität an der genutzten Energie 25 Prozent betragen und zwischen 43 und

53 Prozent des Bruttoenergieverbrauchs erfordern. Dann wird also die Hälfte der freigesetzten Energie praktisch genutzt und die andere Hälfte als Abwärme nutzlos abgestrahlt.

Selbst wenn man die Abwärme der Kraftwerke ignoriert, muß die Wärmefreisetzung bei der Nutzung der Elektrizität der weiteren Zunahme des Energieverbrauchs schließlich ein Ende setzen; denn auch bei der Nutzung der Elektrizität wird Wärme frei, zum Beispiel durch Reibung und als Betriebswärme. 1970 betrug die auf diese Weise freigesetzte Wärme in den USA rund 0,188 Watt pro Quadratmeter. Wenn sich der Energieverbrauch mit der gegenwärtigen Zunahmerate erhöht – nach einer Berechnung von Claude Summers[46] –, dann werden in 99 Jahren, nach zehn Verdoppelungszeiten, rund 189 Watt pro Quadratmeter frei – nur eine Idee weniger Energie, als die Sonne pro Quadratmeter einstrahlt. Es ist aber selbstverständlich, daß schon lange vorher der Energieumsatz durch die Toleranzgrenze der Ökosphäre für Wärme gestoppt werden wird.

Quellennachweis

1 Forrester, Jay W., *Der teuflische Regelkreis*. Stuttgart 1972.
2 FAO, *Provisional Indicative World Plan for Agriculture*. Rom 1969.
3 *Population of the United Kingdom*, Bericht des Ministeriums für Landwirtschaft für das Select Committee on Science and Technology. London 1971.
4 Agricultural Advisory Council, *Modern Farming and the Soil*. London 1971.
5 Ministerium für Landwirtschaft, *Output and utilisation of farm produce in the United Kingdom 1968–1969*. London 1970.
6 Nach: The American Metal Market Co., *Metal Statistics*. 1970; Flawn, P. T., *Mineral Resources*. 1966; UN-Wirtschafts- und Sozialrat, *Statistisches Jahrbuch*. New York 1970; UN, *The World Market for Iron Ore*. New York 1968; US Bureau of Mines, *Minerals Yearbook*. 1968; US Bureau of Mines, *Commodity Data Summary, Yearbook of American Bureau of Metal Statistics*. 1971.
7 Meadows, Dennis L., *Die Grenzen des Wachstums*. Stuttgart 1972.
8 *WHO Chronicle*, Sondernummer über DDT. Genf 1971.
9 Commoner, Barry, *The Causes of Pollution* in *Environment* März/April 1971.
10 Frankel, Otto, *The green revolution: genetic backlash* in *The Ecologist* Oktober 1970.
11 Allen, Robert, und Goldsmith, Edward, *The need for Wilderness* in *The Ecologist* Juni 1971.
12 Boulding, Kenneth, *Environment and Economics* in Murdoch, William W. (Hrsg.), *Environment*. Stamford, Conn. 1971.
13 Boyden, Stephen, *Environmental Change: Perspectives and Responsibilities* in *Journal of the Soil Association* Oktober 1971.
14 Mill, John Stuart, *Principles of Political Economy*. Bd. 2, London 1857.
15 Dubos, René, *Can Man Adapt to Megalopolis?* in *The Ecologist* Oktober 1970.
16 s. Anmerkungen zu *Energy Slaves* in *The Ecologist* Januar 1971.
17 Mishan, E. J., *The Economics of Hope* in *The Ecologist* Januar 1971.
18 Bischof von Kingston, *Doom or Deliverance?* Rutherford-Schrift 1971.
19 Bridges, Bryn, *Environmental Genetic Hazards* in *The Ecologist* Juni 1971.
20 *Man's Impact on the Global Environment*, a. a. O.
21 Ehrlich, Paul R., *Hobson's Choice* in Taylor, R. (Hrsg.), *The Optimum Population for Britain*. London 1970.
22 Tinbergen, N., *The Study of Instinct*. Oxford 1951.
23 Murdock, G. P., *Social Structure*. New York 1965.
24 Linton, Ralph, *The Study of Man*. London 1965.
25 Ortega y Gasset, José, *España Invertebrada*.
26 Bates, Daisy, *The Passing of the Aborigines*. London 1966.

27 Kardiner, Abram, *The Psychological Frontiers of Society*. New York 1945.
28 Fowler, W. Warde, *The City State of the Greeks and Romans*. New York 1952.
29 Lowie, Robert, *Primitive Society*. Hanley 1952.
30 Clinard, Marshall B., *Anomie and Deviant Behaviour*. New York 1964.
31 Hebb, D. O., *The Organisation of Behaviour*. New York 1961.
32 Bowlby, John, *Child Care and the Growth of Love*. Harmondsworth Penguin Books 1965.
33 Cloward, Richard E., und Ohlin, Lloyd E., *Deliquency and Opportunity*. New York 1967.
34 Merton, Robert K., *Social Theory and Social Structure*. New York 1967.
35 Davis, Wayne, *Four billion Americans* in *The Ecologist* Juli 1970.
36 Borgstrom, G., *Too Many*. New York 1970.
37 Brown, Lester, und Finsterbusch, Gail, *Man, Food and Environment* in *Environment*.
38 Meadows, Dennis L., a. a. O.
39 *Diminishing Returns on Pesticides, Can Britain Survive?* in *Environment* (Redaktionsbericht).
40 Behrens III, William B., *The Dynamics of Natural Resource Utilization*. Veröffentlicht im Juli 1971 auf der *Computer Simulation Conference* in Boston.
41 Cloud, Preston, *Mineral Resources in Fact and Fantasy* in Murdoch, William W. (Hrsg.,) *Environment*. Stamford, Conn. 1971.
42 UN-Wirtschafts- und Sozialrat, *Statistisches Jahrbuch*. New York 1969.
43 *World Petroleum Report*. Mona Palmer Co., New York, 1968.
44 Hubbart, M. King, *The Energy Resources of the Earth* in *Scientific American* September 1971.
45 Cook, Earl, *The Flow of Energy in an Industrial Society* in *Scientific American* September 1971.
46 Summers, Claude M., *The Conversion of Energy* in *Scientific American* September 1971.

Quellennachweis der Abbildungen und Tabellen

Abbildungen:

4 Allen, Patrick, *Snark* Februar 1972.
5 Meadows, Dennis L., *Die Grenzen des Wachstums*. Stuttgart 1972.
6 UN-Organisation für Ernährung und Landwirtschaft, *The State of Food and Agriculture 1970*. Rom 1970.

Tabellen:

1 UN-Wirtschafts- und Sozialrat, *Statistisches Jahrbuch*. New York 1967.
2 Darmstadter, Joel, *Energy and the World Economy*. Baltimore (in Vorbereitung).
3 *Man's Impact on the Global Environment*, Bericht über die Untersuchung zu kritischen Umweltfragen. Cambridge, Mass. 1970.
4 *Man's Impact on the Global Environment*, a.a.O.
5 Snow, J. A., *Radioactive Waste from Reactors* in *Scientist and Citizen* 9 (1967).
6 President's Science Advisory Committee nach *Man's Impact on the Global Environment*, a.a.O.
7 Weltproduktion 1963 nach *Minerals Yearbook 1967;* Weltproduktion 1964–1968 nach *Minerals Yearbook* 1968; USA-Verbrauch nach *Chemical Economics Handbook* 1969.
8 *Man's Impact on the Global Environment*, a. a. O.
9 Parsons, Jack, *Population Versus Liberty*. Austin, Tex. o. J.
10 Doane, R. R., *World Balance Sheet*. New York 1957.
11 Doane, R. R., a. a. O.
12 UN-Wirtschafts- und Sozialrat, *Statistisches Jahrbuch*. New York 1967.